人生という綱の渡り方

THE EQUILIBRIST

エリック・ユブラー
&
フィリップ・ブラン
Eric Hubler | Philip Blanc
矢島麻里子 訳

Discover

THE EQUILIBRIST

by Eric Hubler and Philip Blanc

ワイヤー上を前進する
私たちを支え導いてくれた
すべての人に
心から感謝を捧げたい。
特に、私たちの家族に深く感謝する。

彼らに愛を込めてこの本を捧げる。

目次

Contents

Prologue
物語の前に

「会議でのあなたの意見、素晴らしかったわ！」同僚の女性が食事のトレイを手に、彼を追いかけてきた。

「褒めてくれてありがとう。とても嬉しいよ！」彼はそう答えてテーブルに向かった。

「君の調子はどう？」

「まあまあね」と彼女は生返事をして話を続けた。

「あなた、自信たっぷりに見えたわ。強くなって、バランスが取れたみたい」

「ありがとう。実は、その通りなんだ。ここだけの話、やる気が出ちゃってね。頭の中が夢でいっぱいの子供みたいな気分でさ」

「やっぱり！」彼女は納得して、並んで歩きながら言った。

「あなたの目や表情を見ればわかるわ。こんなにやる気に満ちたあなた、見たことないもの」

「嬉しいことを言ってくれるね」

「どうしてそんなに変わったの？」彼女は不思議がって聞いた。

「それなら、ここで一緒に食べない？」

「いいわよ。でも手早くお願い。ちょっと時間がないから。目が回るほど忙しくて、本当はランチをする暇もないくらいなの。それはそうと、何があったの？」

「まあ、座って」と、彼は椅子を引いて彼女に勧めた。それから、自分も腰かけて話を続けた。

「覚えていると思うけど、少し前に、うちの部の部長が代わってね」

「ええ、もちろん覚えているけど……」

「それ以来、仕事に打ち込んで会社に貢献する喜びに目覚めたんだ」。彼はにっこり笑ってそう説明した。

「まあ、おめでとう。それはよかったわ！」彼女は一口飲み込んでから続けた。

「私はその正反対よ。モチベーションを失くしそう。わかると思うけど、みんながストレスを抱えていて、状況が悪くなる一方なの」

「よくわかるよ。でも心配ない。そんなに悩むことないって！　僕もつい最近まで君と同

じように感じていたけど、どんなことでも変えられるって、今は思えるからさ」

「どういうこと？　何か秘訣でも見つけたの？」

「まあ、そんなものかな……。バランスを取る秘訣は見つけられたと思う。**長い間、バランスを取ろうと自分の周りばかり見回していたけど、秘訣は自分の中にあったんだ。**それがわかるまでに時間がかかったけどね。驚いたのは、思いも寄らない人からそれを学んだってこと。それが、僕の上司さ」

「あなたの上司？」と、のどを詰まらせそうになりながら、彼女は繰り返した。

「そう、まさしく僕の上司。それもありがたいことに、一番必要なときにその秘訣を学べたんだ」

「まあ、運のいい人もいるものね」と、うらやましそうに彼女は言った。

「確かに。彼のような上司に恵まれて、僕は運がいい」

「やれやれ、あなたの上司、どうやらただ者ではなさそうね」。彼女は皮肉交じりのため息をついた。

「まさにその通り。とんでもなく素晴らしいリーダーさ」

「その上司の何がそんなに特別なの？」少しいら立ちながらも、彼女の好奇心は徐々に高まっていた。

「まあ、聞いて」と彼は冷静に言った。

「その上司が組織に加わってから、何もかも変わったんだ。各チームが以前よりはるかにオープンに、創造性豊かになって、積極的に関わり合うようになった。業績も急激に伸びたしね」

「そうなの?」

「信じられないかもしれないけど、本当に変わったんだ。誰の目にも明らかなほどにね。それに、最近問題を抱えていたとき、その上司に相談したら、親身に話を聞いて力になってくれたんだ」

「それで?」彼女は食べ物をかき込みながら言った。

一方、彼は時間をかけて食事を味わい、口元を丁寧に拭ってから話を続けた。

「僕がしゃべっている間、上司はじっと耳を傾けていた。でもその後、驚くような話をしてくれてね……」

彼女は興味をひかれ、続きを聞きたくなって「どんな話?」と尋ねた。

「どんな話かって?」彼はいたずらっぽい表情で繰り返した。

「綱渡り師の物語さ」

「綱渡り師の物語？」彼女はびっくりして聞き返した。

「そう、綱渡り師の物語」と落ち着いた口調で彼は答えた。

「でも、綱渡り師があなたの上司とどうつながるわけ？」彼女は大声を出し、椅子にふんぞり返って両手を上げた。

「そう思うだろう？　この話がとても不思議で強烈なのは、まさにその点さ。これは僕の上司が経験したっていう、**驚くべき内面の変化の物語**なんだ」

「そこまで言われたら、どんな内容か気になるじゃない」と、彼女はもどかしそうに言った。

「続きを聞かせてくれない？」

「いいよ。でも時間がないって言ったよね」。彼は念を押した。

「話すと長くなるけど」

彼女は時計に目をやって眉をひそめた。

「聞くわ。続けて。後で何とかするから……」

彼は彼女を見て、もう一口飲み込んでから改めて尋ねた。

「本当に？」

「ええ。いいから続けて。何とかする。もっと聞きたいの」

「そう。そんなに関心があるなら話すけど、一つ条件があってね……」

「どんな条件？」興味をそそられて彼女が聞いた。

「綱渡り師の物語をちゃんと最後まで聞くことさ」

「なぜ？　それってそんなに大事なこと？」

「そうなんだ。理由はそのうちわかるよ。それに、君も誰かにこの話を教えたくなるだろうね」と彼は指摘した。

「その言い方だと、面白い話に違いないわね！」

「いや、面白いだけじゃない。僕の人生と物の見方をすっかり変えてしまったんだから」

「つまり、大変貌を遂げたってことね」

「僕はそう思う。この物語は君の人生だって変えるかもしれない。最後まで聞けば、その教訓を生かせるはずだからね。準備はいいかい？」彼はそう言うと、契約を結ぶかのように片手を差し出した。

「いいわ」と彼女は応じ、彼と握手した。

それから彼は、携帯電話の電源を切って楽にするように促した。

彼女は無意識に自分の時計に目をやってから、居住まいを正した。

彼は時間をかけて一口ずつ味わいながら食事を済ませ、彼女のグラスに水を注いでから、考えをまとめた。
しばらくして、彼は語り始めた。

人生という綱の渡り方

THE EQUILIBRIST

Developing Life's
Most Important Skill,
That of Balance!

「千里の道も一歩から」

——中国のことわざ

「悲観主義者はあらゆる好機の中に困難を見いだし、
楽観主義者はあらゆる困難の中に好機を見いだす」

——ウィンストン・チャーチル

「人にものを教えることはできない。
自ら気づく手助けができるだけだ」

——ガリレオ・ガリレイ

変化の前

Scene 1

旅人

旅人は何時間もぶっ通しで車を走らせていた。日が落ちて、気温が下がりつつあった。

ぼんやりとした表情で、特に行く当てもなく、延々と続く車道を見つめていた。

何か一つの考えに集中しようとしたが、無駄だった。

心にぽっかり穴が空いていて、アスファルト以外には何も感じられなかった。

恐ろしいほど単調な時間が、給油ランプの点灯でようやく破られた。こうなったら止まるしかない。

車道から視線を引き剥がしてガソリンスタンドの看板を探し、少し進んだ先に1軒見つけた。そして、車を止めた。

機械的にガソリンを満タンにした。レジまで歩いて、財布を取ろうとポケットに手を入れたところで、体が言うことを聞かずに立ちすくんだ。

「お客さん？」レジ係は言った。

「……」

「お客さん、お客さん！」レジ係は繰り返した。

「ああ……えっと、何だっけ？」旅人はやつれた様子でぼんやりと尋ねた。

「支払いがまだですよ」

旅人は謝りもせずに、混乱したままガソリン代を支払い、車に向かった。

再びハンドルを握ってエンジンをかけようとしたそのとき、ある映像が突然容赦なく脳裏によみがえった。

少し前のこと。彼は業界の有名企業で重責を担い、真面目な仕事ぶりが評価されていた。

ところが、長年誠実に職務を果たしてきた彼に、会社の幹部はほんの一瞬でその事実を通達した。組織再編の一環で解雇する、と。彼の会社でのキャリアは終わった。即時に。経営判断の名の下に。

解雇！

ショックのあまり、彼はよろめいた。脳に衝撃が走り、打ちのめされた。

その後、不信感が生まれた。あり得ない。何かの間違いだ。全社員の中から、よりによって僕がクビを切られるはずがないじゃないか？

それに、すべてうまくいっていたはずだ。少なくとも彼自身はそう思っていた。前日には、同僚たちの前で、担当プロジェクトの成功を祝う言葉をかけられたばかりだった。

自分を現実に引き戻すまでに、果てしない時間が流れた。顔はやつれ、不安な表情が浮かんでいた。

部屋を見回して上司を見た。間違いない。上司のまなざしは言葉より雄弁だった。

正真正銘、クビになったのだ。

それから、家族のことを考えた。

この事実をどう伝えればいいのだろう？

その夜は家に帰るまいと決めた。曖昧な言い訳をこしらえて、妻にメッセージを送った。

オフィスを出て、ゾンビのようにゆっくりとふらつきながら、駐車場に止めた自分の車に向かって歩いた。

長い時間、運転席に座ったままでいた。微動だにせず、ぼうぜんと。

そうして、ようやく出発した。


彼は言い知れぬ虚無感と抑うつ感に襲われた。すべてなかったことにしたかった。全身全霊でその映像を払いのけようとした。それ以上自分に何も問いかけず、いつものように家路につき、同じ日常を繰り返しているのだと言い聞かせようとした。

だが、実際に自分は解雇され、すべてが変わってしまったのだ。

無造作にエンジンをかけ、ガソリンスタンドから車を出した。方向感覚も時間の感覚もないまま、彼は夜の闇を走り続けた。

しばらくして、幹線道路を降りて細い脇道に入った。疲労のせいか、ハイビームのまぶしい光に照らされた脇道は不気味に見えた。

うんざりするほど長い一日に疲れ果て、車を路肩に寄せようとしたとき、遠方に明かりが見えた。彼は自分にむち打って、その明かりを目指して細い田舎道を進んでいった。

やがて、感じのいい明かりをともした「ラッキー・スター・イン」の正面に到着し、車を止めた。

正面玄関につながる数段の階段を上がろうとしたとき、隣接する庭の中央にある噴水の音がかすかに聞こえた。心地よさそうな場所に思われたが、深くは考えなかった。彼は宿に入り、受付を済ませ、キーを受け取って、一休みするために部屋に上がった。部屋のカーテンを引くと、ベッドに倒れ込み、深く落ち着かない眠りについた。

杖をついた老人

ドアをノックする音で旅人は目覚めた。何時なのか見当もつかなかったが、どうでもよかった。

無意識に目覚まし時計に目をやると、あまりに遅い時間なので驚いた。

「ちょっと待ってください」と混乱したまま答えた。

窓際のローテーブルにきれいにたたんで置いてあったローブを急いで羽織った。頭が少しぼーっとしていたが、ふと二つの物が目に入った。「ゆっくりとおくつろぎください」と手書きした小さなカードと、表紙に「……のノート」と美しい字で書かれた小ぶりのノートだ。

ドアを開けると、背の高い、地味だが上品な装いの杖をついた老人の姿があった。

「起こしてしまって申し訳ありません」とその老人は言った。

「到着されたときにお出迎えできなかったので、直接ご挨拶しようと思った次第です。それに、昨日は一日中外にお出にならなかったようで、何か問題でもあったのかと思いまして」

「昨日一日中外に出なかった?」

旅人は立ちすくんだ。満面の笑みを浮かべ、人懐っこい温厚な顔立ちが印象的な老人ではあるが、何か勘違いしているに違いない!

「あのう、一日中外に出なかったとおっしゃいました?」

「ええ。おとといの晩にいらして、昨日は部屋からまったくお出になりませんでした」と老人は言った。

宿に2晩も泊まったと知って、旅人はがくぜんとした。そこまで現実から遠ざかっていたのか、と。

まだ少し混乱していたが、心を落ち着けて言った。

「そんなに長く眠っていたとは思いませんでした」

「昨日はお邪魔にならないよう遠慮しました」と老人は言った。

「少しお休みになりたいのだろうと思いまして」

正直なところ、旅人に休もうという考えはなかった。

だが、その長い眠りを覚ますものが周囲には何もなかった。そこにあるものすべてが実に静かで平穏だった。

「夕食をご一緒にいかがでしょう？」杖をついた老人が愛想よく尋ねた。

「いい魚がちょうど釣れましてね。よろしければ召し上がりませんか？」

旅人は、長時間何も食べていないことに気がついた。老人からの申し出は絶好のタイミングだった。

「実は、少しお腹がすいてきました。ぜひお願いします」と旅人は言った。

「それはよかった。ごちそうしますよ」。杖をついた老人はそう言って、満足げにそっと引き上げていった。

「こんなにおいしい魚は食べたことがありません！」と、旅人は食卓に加わった老人に語りかけた。

話をしながら、不安と悔しさと幸福感が入り混じった奇妙な感覚を覚えていた。

内面では何もかもが混沌としているのに、周囲では何もかもが調和していた。完璧にしつらえた調度品、優美な音楽、甘い香りの花々。

調和を乱すものは何一つなかった。

その場所には、とてつもなく素晴らしい何かがあった……。

旅人は無意識にこう付け加えた。

「あんなことがあった後、これほど早く、こんなにすてきな場所でおいしい料理を味わえるとは思ってもいませんでした」

「満足していただけてよかった」と老人は言った。

「でも、まだ心から楽しめていない気がします……」と、旅人が突然真剣な口調で言った。

「何か気がかりなことでも？」老人は尋ねた。

「ええ、実は……」

そう言いかけて、旅人は気を取り直し、こう続けた。

「いえ、僕の問題でご面倒をおかけしたくありません。いずれにしろ、そろそろ出発しなければなりませんし」

杖をついた老人は、しばらく黙った後で言った。

「ちっとも面倒ではありませんよ。ですが、お発ちになる前に少し時間をいただけませんか？」

「ええ。でもどうして？」と旅人は気になって尋ねた。

「ぜひお見せしたいものがありましてね。ただ、そこまでお連れする代わりにお願いを聞いてもらえますか？」

「もちろんです。でも何をすれば？」旅人はいぶかしげに聞いた。

説明する代わりに、老人はただ杖を手に取って明るい調子で言った。

「私についてきてください。後で説明しますから」

なぜだかわからないが、旅人はどうしても手を貸したくなった。その宿で感じた安らぎや調和に感謝していたからかもしれない。

それ以上深くは考えずに、旅人は老人の後をついていった。

願い事

旅人の息が切れるほど長く歩いた後、二人は立ち止まった。歩いてきた道は丘に通じていた。そこには渓谷の雄大な景色が広がっていた。

「さあ、着きましたよ」と杖をついた老人は言った。

「ここは一体どこですか？」旅人は戸惑いながら尋ねた。

「あなたに見てほしかった場所ですよ。先ほど言ったお願いも、ここで聞いていただきます」

老人は旅人に景色を楽しむよう勧めた。

四方を見回すと、景観の圧倒的な美しさに目がくらんだ。

実際、丘を登ること自体が目の保養であったはずだが、旅人は気づかなかった。

旅人が見逃がしたもの、気づかないうちに通り過ぎたものが、ほかにもあったのだろうか？　丘に登ってくる途中で、あるいは人生の中で。

突然、旅人は不安に襲われた。

そのとき老人は、驚くほど器用に、杖の先を握り、柄の曲がった部分を使って、高い枝になっている果実をもぎ取った。うまく取れるとその果実を旅人に差し出した。

「さあ、召し上がれ！」老人は熱心に勧めた。

旅人は果実を受け取ってかぶりついた。

彼の顔がパッと明るくなった。これほどおいしい果物を味わったのは久しぶりだった。

その場所は、何もかもが素晴らしく思われた。ささいなことさえも。いや、おそらく、ささいなことこそが！

「デザート用の果物を取らないと」と老人は旅人に言った。

「手を貸してもらえますか？」

いよいよ、旅人が役に立てるときがやってきた。木にははしごが立てかけられ、その足元には空のかごがいくつか置いてあった。旅人は懸命にはしごを登っていった。

簡単ではなかったが、何とか一つのかごをいっぱいにした。

すぐ近くに立っていた老人のもとへようやく戻ると、老人は感謝してうなずいた。

それから、旅人は岩にどっかりと腰を下ろし、声を出してあくびをした。

奇妙なことに、熟睡したはずが異常に疲れていた。とにかく、くたくただった。

旅人が物思いにふけるように黙って座っている間、杖をついた老人は背筋をまっすぐ伸ばして立ち、静かに景色を見つめていた。

そのとき突然、旅人がうなだれて絶望のため息をついた。

「ついてない！　なんてついてないんだ！」

老人は何も言わずに、少しだけ旅人のほうに向き直った。

「こんなこと話したくありませんでした。でも、どうしても頭から離れなくて……。僕は解雇されたんです。クビになったんです！」旅人は泣き声になっていた。

「それはお気の毒でしたね」と老人は同情のこもった言葉をかけた。

「何か悩みがおありだろうと思っていました」

「ああ、悔しい！」旅人は言った。

「お察しします」と老人は返した。

旅人は、老人をじっと見つめて言った。

「あなたのように落ち着いて穏やかでいられたら、どんなにいいか……」

「まあ、いつもそうではありませんよ」と老人は言った。

「誰にでもさまざまな形で逆境が訪れるものです。おまけに、逆境はいつ訪れるかわかりません。私は『落下』と呼んでいますが」

「確かにそうですが」と旅人はさえぎった。

「僕の場合は落下じゃない。挫折、崩壊です！　クビですよ！　わかりますか？」

「ええ。私の言い方で言えば『落下』ですがね」と老人は平然と言った。

「じゃあ、あなたの言う落下で何もかも失ったら、その後どうやって立ち直ればいいんですか？」と、旅人はいら立って尋ねた。

老人は質問には答えなかった。代わりに、旅人の目を見て静かに言った。

「お願いを聞いてくださってありがとうございました。そろそろ宿に戻りましょうか。もう発たなければならないとおっしゃいましたね」

旅人は明らかにきまり悪そうに困って目を伏せた。いつしか老人に信頼と尊敬を寄せるようになり、さっきまで気持ちが和らいでいたからだ。

旅人は無性に会話を続けたくなって、老人に打ち明けた。

「確かに発たなければなりません。でも、一体どこへ？　正直言って、問題を抱えたまま、ここからどこへ向かえばいいのかさえわからないんです！」

「自信をお持ちなさい。そのうち道は見つかりますよ」と老人は励ますように言った。

「本当にそうならいいんですが！　物事をもっとはっきり見極めないと。今はまだ、自分の身に何が起きているのか、さっぱりわからなくて」

「何があったか話してみませんか？」老人は問いかけた。

「お話ししたほうがよさそうですね」

「話せば楽になりますよ」と老人は促した。

「ええ。でも、それで問題が解決するでしょうか？」

「確かに、それだけでは不十分でしょうね……」

「では、一体どうすれば？」

「あなたは、たまたまここへ来たのだと思いますか？」と老人は聞いた。

「さあ、まったく見当がつきません」

「どう思いますか？」老人は重ねて聞いた。

「わかりませんが、あなたがいるおかげで落ち着いていられる気がします」

老人は笑って、「それはよかった」とだけ言った。

「もう1日か2日、滞在したほうがいいだろうか」と、老人が同意することを暗に期待して、旅人は声に出してつぶやいた。

「ええ、おそらく。ゆっくりなさってください。必要なら着替えもご用意しますよ」

「ご親切にありがとうございます。それなら、妻に連絡しないと」

「もちろんです」

複雑な感情と葛藤しながら、旅人はまだ決心がつかず、しばらくうろうろしていた。

やがて老人のもとへ戻ってきて、こう尋ねた。

「本当に手を貸してもらえますか？」

老人との契約

「具体的にどのように手を貸してほしいですか？」と老人は尋ねた。

「たとえば、今陥っている窮地から抜け出す方法を教えてくださるとか……」と旅人は答えた。

「必要と感じたときに助けを求めるのはよいことです。それ自体が前向きな一歩ですからね。『窮地を脱する』方法をお教えすることはおそらくできます。ただ、それで十分かは保証しかねますが」

「なぜ、十分じゃないと？」

「あなたの自信を回復させるものではないからです」

「じゃあ、僕はどうすれば？」旅人はすがるように聞いた。

「ご自身で窮地を脱するのをお手伝いすることはおそらくできますが」と、老人はやや意味ありげに言った。

「すべてはあなた次第です」

「どういうことですか？」

「変化は、自分の中から生まれなければなりません」と老人は指摘した。

「それも、一夜にして変化が起きるわけではありません……」

「それならちょうどいい。今、時間だけはありますから！」と旅人は自嘲気味に言った。

「ただし、今後は徹底して、あなたに率直に接することにします。あなたが望むのであれば、私はお手伝いしたい。喜んでそうします。ですが、その方法があなたにも私にも過酷なものになることは覚悟してくださいね」

「え？」旅人は少し驚いてつぶやいた。

「実際、受け入れ難いことをいくつか言わなければならないでしょう。ですから、あなたにも頑張ってもらわなければいけません。準備はできていますか？」

「は、はい」。その答えの重要性を考えないまま、旅人は思わず返した。

「声の調子からして、完全には納得していませんね。考える時間がほしいのではないですか？　すぐに決めなければと思う必要はありませんよ」

「ええ、ええ、準備ならできていますとも！」急に自尊心が湧いて、旅人はやや横柄に返事をした。

「では、決まりですね」

丘の上で、老人は眼前に広がる壮大な景色をゆっくりと堪能していた。一方、旅人は物思いにふけっていた。

杖をついた老人は、傍らのかごに手を伸ばし、腐りかけた果物を一つ取り上げた。ポケットからナイフを取り出して腐った部分を切り取り、アリ塚の横に注意深く置いた。それから、食べられる部分を半分に切って、その片方を旅人に手渡した。

老人は一口ずつゆっくり味わって食べた。

一方、旅人は手渡された果実をただむさぼるように食べた。

老人はしばらく辺りを歩き回っていたが、戻ってくると真剣な表情を浮かべていた。

「自分たちの問題を解決するのは容易でない。少なくとも、大半の人がそう考えています。それはあながち間違いではありません」と老人は言った。

老人は1、2秒間を置いてから続けた。

「努力の結果は、それが何であれ、現実の捉え方に大きく左右されます」

「現実というと？」と旅人は聞いた。

「実はそこが問題なのです。現実は何か？　そして、あなたにとっての現実――つまり、あなたが現実だと認識していること――は何なのか？　この二つが一致しているかどうかを把握することが大切です。今、あなたは解決すべき問題があると考えていますね。それに気づいていることが出発点で……」

老人の話をさえぎり、

「ええ、それでどうすれば？」と旅人は言った。

「あなたの状況を私は詳しく知りません。いずれにせよ、私が知るべきことは、あなたが話す必要があると感じることから、おのずと見えてくるでしょう。しかし、私たちの会話の中で変わらないことが一つあります。あなたが現実をありのままに見ることを受け入れなければならないということです。それは必ずしも、あなたの認識通りではないでしょうが」

「ではどうすれば、現実と、自分にとっての現実の区別がつくんですか？」と旅人は尋ねた。

「それは、誰にとっても難しいことで……」

旅人は不安で我慢できずに、再び老人の言葉をさえぎった。

「難しすぎるから、僕が問題を解決できないと？」

老人は動じずに話を続けた。

「今言いかけたように、誰にとっても難しいからこそ、ある程度ノウハウが必要なのです」

「もし、僕にノウハウがなかったら？」

「それなら、ノウハウを身につけなければなりません。問題が何であれ、一歩一歩解決していくのです」

「そうは言っても、どこから始めればいいんでしょうか？」

「基本に立ち戻って、少し想像力を働かせて……」

「こんな状況で、想像力なんて働きませんよ」と旅人はいら立って、自信のなさをあらわにして言った。


「一般に、人は困難な状況に置かれると、明瞭に考えよう、最適な行動をとろうという気が起こらなくなります。そこで質問ですが、自分をテストして、問題に対処する方法を見つける気はありますか？」

「ええっと……まあ、あると思います」と、旅人は自信なさそうに返事をした。話の先が見えなかった。

「ただ思うだけですか？」と老人は尋ねた。

旅人はため息をついた。

「僕に何を言わせたいんですか？」

「私が提案するやり方は厳しいと言ったはずです。過酷ですが、やるだけの価値はあります！　それに、自分の習慣や信念を変えようという、あなたの強い覚悟が必要なのです」

「どういう意味ですか？」

「ご存じのように、深く根付いた習慣や信念の中には、自分の成長を阻害するものもあります」と老人は言った。

「どうやってそれを見分けるんですか？」と、旅人は困惑して尋ねた。

「前進するには、まず、自分の考え方や行動の仕方について、徹底した自己分析をする必要があります」

老人は少し間を置いて、旅人に考える時間を与えた。

そしてこう付け加えた。

「自己分析は、自分の成長を阻害する習慣や信念を突き止めるものであるべきです。自分を見つめる作業であり、真剣に取り組もうとすれば、一生かかる大仕事です」

「それで、そのやっかいな悪魔を突き止めたら？」

「『やっかいな悪魔』とは言い得て妙です。まさにその通り、自分の中から聞こえる悪魔のささやきが私たちを無力にするわけですから。ささやきが聞こえたら、自分に改善する意欲があるのかどうか疑う必要があります」

「もちろん、自分の境遇を改善したいと思っています！」旅人は叫んだ。

「誰だってそうじゃありませんか？」

「確かに、多くの人が自分の境遇を改善したいと訴えますが、意思表示と実際との間には違いがあります。注意を払えば、本当に改善する意欲が自分にあるのか判断できます」

「そうですか。それで一体どうやるんですか？」旅人は尋ねた。

「まず、自分の使う言葉と自己表現の仕方に注意を向けます。言葉は思考の産物で、自覚しているよりもはるかに多くを物語りますから……」

「例を挙げてもらえますか？」

「例はいくらでもありますよ」と老人は両眉を上げて言った。

「たとえば、この違いがわかりますか？

『イギリス海峡を泳いでみるつもりです』

と
『イギリス海峡を泳ぐために全力を尽くすつもりです』

の違いです」

「ええ、わかります」と旅人は言った。「でも、ここだけの話、言葉遊びにすぎませんよね」

「ここだけの話でも、ここだけの話じゃなくても、その違いは言葉にとどまりません。心の持ちようから始まっています」

老人は説明を続けた。

「言葉も違いますが、何より考え方が違います。そして、言葉に続く行動が違います。さらに、それに伴う結果も違います。要するに、使う言葉のわずかな違いが、結果に大きな違いをもたらすのです」

老人は一呼吸置いて続けた。

「使う言葉と行動の仕方に細心の注意を払えば、自分がそうありたいと言っていることと、その実現のためにしていることとの一貫性について、多くのことが見えてきます。私の言い方では、ワイヤー上の整列になりますが」

旅人は老人のこうした発言が自分にどう当てはまるのかを考えた。

一瞬間を置いてから、旅人は尋ねた。

「ならば、僕はどうでしょう。変われると思いますか？」

「私たちは誰もが変われます。自分で変わるのを抑えようとしなければ」

「では、僕はどうしたらいいんでしょうか？」

「まず、心の底で何を望んでいるのかを自問してください」と老人は言った。

「その上で、それを実現するために、どのような努力と犠牲を払う覚悟があるかを問いかけます」

　旅人は、老人の言葉についてよく考えた。老人の見識には感銘を受けたが、この先に何が待ち受けているのか不安だった。何より、老人は「テスト」と言ったではないか……。

　少しの間考えて、周囲の景色に目をやった後、旅人はさっきよりも確信を持って言った。

「この窮地から抜け出したい！　正当な評価をされないまま、身を粉にして働くのはもううんざりなんです」

「でも、あなたの望みが何かはおっしゃっていませんね……」と老人は言った。

「今言ったじゃないですか！　自分が抱える問題を克服したいんですよ」と旅人は言い返した。

「そうですか。でも、何のために？」

「もっと状況がよくなるように、ということしかわかりません！」

「少し漠然としていますが、取っ掛かりにはなるでしょう。では、今度は私があなたのお願いを聞く番ですね……」老人は一瞬だけ間を置き、ほほ笑んで付け加えた。

「いいですか、引き受けたからには、徹底的にやり通しますからね」

老人は旅人をじっと見つめ、契約を結ぶように、心のこもった力強い握手をした。

綱渡り

早速、杖をついた老人は、隣接する森へ続く小道をついてくるよう旅人に言った。

「あのう、どこへ向かっているんですか？」

「心配いりません。すぐにわかります」

二人は黙々と歩いた。やがて、遠目では2本の木につながれたケーブルのように見えるものを老人が杖で指し示した。森の入り口にたどり着いていた。

「ここは私の遊び場です！『楽屋』と呼んでいますが」と老人は謎めいたことを言った。

旅人はけげんな表情をした。

二人がその場所に着くと、杖をついた老人は自信に満ちた様子で上着を脱ぎ、木を傷めないように枝が頑丈であることを確認してから、枝先に注意深く上着をかけた。

老人は親しげな身振りで旅人に杖を差し出し、持っておくよう頼んだ。

木のてっぺんに目を向けて、老人は深く息を吸い込んだ。まるで自然からエネルギーを吸収するように。

次に、老人は目を閉じた。周囲の自然と完全に一体となって、深い瞑想に入ろうとしているようだった。


それからしばらくして、老人は一番近くの木の幹に巻き付けられた縄ばしごをつかんだ。

徐々に疑念が膨らみ混乱してきた旅人は、老人から目が離せなくなった。

まさか、ワイヤーのあるところまで老人が木を登っていくはずはない！

ワイヤーは高い位置にあった。想像を絶する高さだ！　あの高さから落下すれば、誰だって命を落としかねない！　たとえ老人がてっぺんまで行き着いたとしても――高齢で体が利かないであろうことを考えれば、それ自体すごいことだが――そこから一体どうするというのだ？　いくら何でもワイヤーを渡るなんてことはないだろう？

一心に集中する老人の姿を見て、想像もできないことをやってしまうのではないかと思わずにいられなかった。そして、その通りになった。

老人は縄ばしごを高くよじ登り、ワイヤーを端から端まで渡り切ったばかりか、それを実に華麗な技で優雅にやってのけたのだ。

信じられない！　でも事実だ……。

渡った先ではしごを降りた後、老人はお辞儀をして、ワイヤーと自然界に感謝の意を表した。

それから、旅人に歩み寄って杖を受け取り、うなずいて感謝を伝えた。

旅人はあっけにとられ、目を丸くして立ちすくんだ。たった今目にした光景が、まったく信じられなかった。

だが、実際に起きたことだ。夢じゃない！

それにしても、自分を驚かせてばかりいるこの人は一体何者なのだろう？　さっきの離れ業も例外ではない。

その時点ではまだ気づいていなかったが、旅人は、希代の綱渡り師を目の前にしていたのだ。

ようやくわれに返った旅人は、老人に尋ねた。

「一体どうしたらそんな離れ業ができるんですか？　それも、あんなに見事に！」

「離れ業と呼んでくださってありがとうございます。総合的に考えれば、何よりも鍛錬と努力を積み重ねた結果でしょうね」

「だからといって！」旅人は動揺したまま叫んだ。

「誰もがそんな離れ業を成功させられるわけありませんから！」

「本当にそうですか？」老人は尋ねた。

「わかりませんけど、何か秘訣があるんですよね？」

「ええ、おそらく」と老人は言った。

「私に関して言えば、とにかく、できるはずだと信じてきました。生涯をかけて懸命に取り組み、今も努力を続けています。来る日も来る日も。先ほど習慣と信念について話したことを覚えていますね？」

「ええ、もちろん。それにしても、あなたのパフォーマンスは本当に素晴らしかった！」

旅人は言葉に力を込めた。

「それはあなたの見方ですよ」と老人は返した。

「じゃあ、聞かせてください。綱渡りは単なる趣味ではないですよね？　プロの綱渡り師だったんですか？」

「いいえ」と杖をついた老人は言った。

老人は、旅人の目が杖にくぎづけになっていることに気づいた。

「でも、杖は一体？」老人を巡る謎が深まるばかりで、旅人はすっかり当惑して尋ねた。

「杖が気に入りましたか？」老人は皮肉交じりに聞き返した。

「そういう意味じゃありません！　一体どうしてこんなことが可能なんですか？」

「人は見かけによらぬものですよ」と老人は楽しそうに言った。

旅人は好奇心に駆られて、

「杖は、事故か何かで？」と疑問を口にした。

「そうではありませんが、かなり苦しい経験でした。何とか乗り越えましたが」と老人は言った。

「でも、そのおかげで前向きに生きられるようになりました」

「つまり、杖には特別な意味があるのですね」

「ええ、とても」。老人はそう答えただけで、それ以上話すつもりはなさそうだった。

旅人はその様子を見逃さなかった。

旅人は老人に興味をそそられた。老人はその生涯で、どんな試練に直面してきたのだろうか？

それを探り出そうと旅人は心に決めた。この老人にはその価値がある。間違いない！

正念場

二人でワイヤーの前に立っていると、杖をついた老人が尋ねた。

「自分の境遇を改善できるように、物事をもっとはっきり見極めて、自分の身に何が起きているのか理解したいと今でも思っていますか？」

旅人は反射的に答えた。

「ええ、もちろん。でも、どちらにしろ、僕にはどうすることもできませんが」

「思い違いをしてはいけません。いつでも選ぶ権利は自分にあります。それに、いつでもその場で立ち止まることができるのです」

「どういう意味ですか？」と旅人は尋ねた。

「私が提案する方法を、今ここで始めるというだけですよ」。老人はそう言って、単純ながらよく工夫された装置を使い、ワイヤーを人の背丈の半分くらいの高さまで下げた。

「今度はあなたの番です！」

旅人は息が止まりそうになった。「何ですって？」と言いながら後ずさりし、つまずいて危うくバランスを崩しかけた。

顔から血の気が引き、妻のことを思った。どういうわけか、突然、妻に電話をかけて今の状況を伝え、安心させるべきだったことを思い出した。だが、安心が必要だったのは、妻だったのか、彼自身だったのか？

老人はさらに促した。

「さあ、ワイヤーがお待ちかねですよ」

「僕に何をさせようっていうんですか？　何かの冗談でしょう。ですよね？」

「あなたの成功と幸せは、冗談事ではありませんよ」と老人は真剣な口調で言った。

「バランスの取れた人生の秘訣を見つけたいのなら、さあ、ワイヤーにお乗りなさい！」

旅人はとっさに、二つの選択肢があると悟った。

・時間を割いてもてなしてくれたことに対し、老人に感謝の気持ちを伝えた上で、背を向けて引き返す。それで一件落着。落着？　本当に？

・老人の判断を信頼して「挑戦を受け入れる」。一件落着とはいかないが、前へ進める！

いつもなら逃げ出していただろう。

だが、今回は逃げ場がない。それでもまた逃げ出すのか？　旅人は何となくここにとどまるべきだという気がした。

老人は自信と力を与えてくれていた。それに、これは受けるに値する挑戦だ。「過酷でも、やるだけの価値はある！」旅人はそれを切に願った。少なくとも、老人はそう言ったはずだ……。

旅人の心は、二つの選択肢の間を振り子のように揺れ動いた。

しかし、彼自身とても驚いたことに、久しぶりに直感に頼ってみようと決心した。ほかに頼れるものはなかった。

選んだのは、二番目の選択肢だった。

どっちみち「これ以上落ちようがないのだから」と自分に言い聞かせた。

老人の奇妙な要求に最初は抵抗したが、旅人は震える足でその木に向かった。

何とかはしごを登って、木の幹にしがみついたままワイヤーの上に乗った。

永遠にも思われた一瞬の間、彼は躊躇した。その間ずっと、老人に背中を見つめられている気がした。まだひどく緊張していたが、旅人は自分に言い聞かせ、ついに木を握った手を離して前へ進もうとした。

その瞬間、当然のことながら、旅人はバランスを崩して地面に落下した。

杖をついた老人が歩み寄って、旅人を元気づけるように声をかけた。

「よくできました！」

変化

Scene 2

1. 崩れたバランスを立て直す

落下後に体勢を立て直し、ワイヤーへ戻る方法

感情

旅人は、激しい怒りと恥ずかしさで顔を真っ赤にして、地面に横たわっていた。

「よくできました？？？」と彼は大声を上げた。

「僕をからかっているんですか！　よくもそんなこ

とが言えますね！　落ちましたよ、当たり前だ。なぜこんなことをさせたんです？」

杖をついた老人は平然としていた。

「ええ、よくできました。もう一度言います。よくできました！　どんな気分ですか？」

「こんなふうに落っこちて、僕がどんな気分だと思います？」

「お見受けする限り……相当怒っていらっしゃいますね」

「怒る？　僕をからかったんですね！　こんなばかげたまねを繰り返させようっていうんですか？」と旅人は抗議した。

「おや、ばかげたまねではありませんよ。ただ別の落ち方を経験したというだけです。私に言わせれば、あなたはまったくばかげてなどいません。お気持ちはわかりますが……」

「あなたが僕に何を期待しているのかを教えてほしいんですよ！」旅人は不満げに言った。

老人は不意を突かれて、

「私があなたに期待すること……？」とかろうじてつぶやくと、いら立った旅人が途中でさえぎった。

「ええ、あなたが僕に期待していることです！　一体これはどういうことです？　ずっと不機嫌な僕を、なぜまた激怒させるんですか？　僕を殺す気ですか？　そうでしょう？」

杖をついた老人は思案した。そして、旅人を見つめて言った。

「落下は感情を刺激します。感情が激しくなったり、その状態が相当長く続くこともあります。それが当たり前ですし、それが人間というものです」

老人は続けた。

「ご存じの通り、感情は私たちを前進させる基本的な原動力です。それが手に負えないものでない限りは。ですから、感情がもたらしている影響がプラスかマイナスかを見極める必要があります。感情のプラスの力とマイナスの力を理解して操る必要があるのです。そうしなければ、感情が私たちを操ります。結果、コントロール不能の状態に陥るかもしれません」

旅人はひどく興奮したまま、取り乱した様子で言った。

「問題は、僕が何も操れていないことにあるってわけですか。ずっと頑張って会社のために犠牲を払ってきた僕を、会社は一瞬でクビにした。僕がやってきたことには何の価値もないと言わんばかりに！　僕は会社にすべてを捧げ、すべてを失った。会社にだまされたんですよ。それなのに、ただ黙って耐えなきゃいけない。どれほどやりきれないか、あなたにだってわかるはずです……」

「あなたの苦しみはわかります。物事は必ずしも思うようにはいきませんから」

「ええ、そうです。僕はこんな目に遭ういわれはないんですよ！」旅人は言った。

「近ごろではよくあることです。多くの人が同じ目に遭っています。そのご家族も。いつか自分にも起こるかもしれないと、想像もしませんでしたか？」と老人は尋ねた。

「もちろん想像なんかしませんよ……。どうして僕が？　自分が信じる会社に長年尽くしてきて、まさかこんな扱いを受けるなんて、想像できるはずないでしょう？」

「裏切られた思いがしますか？」老人は尋ねた。

「ええ、まったくその通りです！　僕は期待されること、それ以上のことを常にやってきました。その見返りがこの仕打ちとは！」


「一番つらいことは何ですか？　会社人生が終わったことですか？　それともその終わり方ですか？」と老人は尋ねた。

妥当な質問だった。二つの見方を提示していたからだ。だが、旅人は感情が高ぶりすぎていて、その違いを理解できなかった。

「どちらでも同じでしょう？」と旅人は言った。

「僕はもう会社の人間じゃない。まだそこにいるべきなのに。すべてを捧げてきたのに！」

「会社から与えられた以上のものを会社に与えたと、あなたは感じているのですか？」

「そんなこと、どっちでもいいでしょう？」と旅人は言った。いら立ちが収まらず、矢継ぎ早に質問される理由もわからなかった。

「状況を把握したいのなら、どっちでもよくはありませんよ」と老人は言った。

「現実と、現実に対するあなたの認識との違いを知るためです。一般に、分析と感情は両立しません。たとえ、あなたの感情が至極まっとうなものだったとしてもです……」

旅人は、今までそのような見方をしたことがなかったと認めざるを得なかった。

現実

杖をついた老人は本当のところ、自分が経験している状況は要するに必然である、さらには正しいと言おうとしているのではないか？

そう考えると、旅人は不安になった。

老人はこれを察知して、自分の意図を詳しく説明した。

「私は当てこすりを言っているわけではありません。あなたの解雇について評価を下す材料を持ち合わせていません。どちらの肩も持つつもりはありませんし、私には関係のないことです。私の質問の狙いは、あなたが物事をはっきりと見極められるようにすることだけです」

老人は、心配する旅人を穏やかに見つめて続けた。

「私たちは、自分の憤りの最大の理由を理解し、あらゆる側面から現実を分析する必要があります。それは精神衛生に関わる問題です」

「僕が過剰反応していると？　そうおっしゃるんですか？」と旅人は聞いた。

「憶測で物を言うつもりはありません。私はあなたではありませんから。ただ、はっきりしているのは、感情にとらわれた状態で考えると、客観的な思考や役に立つ思考ができない場合があるということです」

老人は深く自分を省みるような口調で続けた。人生の試練がどれほど耐え難く過酷であるかを思い出すかのように。

「一つの状況をあらゆる側面から見るのは非常に難しく、ときに不可能に感じられることもあるでしょう。ですが、それによって物事を深く理解できるようになります。その上で、可能ならその状況を受け入れることもできるのです。では、あなたの解雇の件に話を戻しましょうか」

「てっきりその話をしているものと思っていました」と旅人は驚いて言った。

「あなたの解雇にしろ、一般的な話にしろ、人生は試練の連続です。そして、私たちは自分が他人よりも厳しい状況に置かれていると考えがちです。これも人の常です。あなたが感じているアンバランスは、ある程度、物の見方や解釈にも関わっています」

「冗談を言わないでください。この問題は僕の想像の産物ではありません！　僕は失業したんですよ！」旅人は激高して言った。

「あなたの雇用主が、仕事をするのに必要なものをあなたに与え、あなたの仕事に見合った報酬を支払ったと考えている可能性はありませんか？　契約上の義務を果たしたと考えている可能性は？」旅人があらゆる角度から状況を理解できるようなロジックを使って、老人は言った。

旅人は一瞬考え込んだ。自分の会社生活や同僚たちのイメージで頭がいっぱいになった。不思議なことに、楽しい思い出のほうが嫌な思い出よりも多かった。それは嬉しい驚きだった。解雇されたことにこれほど腹を立てていなければ、もっと気分がよかったはずだ。

「でも、なぜ会社は組織再編ですべてをぶち壊さなければならなかったんでしょう？　僕たちはいいチームだったし、いい仕事をしていたのに……」

「あなたに影響を与えた組織再編の是非はまったく別の問題ですが、あなたがそう聞くのも無理はありません。とはいえ、その答えを出すのに必要な材料がそろっていないとは考えられませんか？」と老人は聞いた。

「たぶん、そうでしょうね。すべてを隅々まで把握していることなどあり得ませんから」

「バランスを取るには、全体を見渡すことが必要です」と老人は指摘した。

「私たちは、詳細を知らないことについて態度を決め、意見を述べることがたびたびあります。それが大半のアンバランスの原因です……」

「わかりますが、だからと言って全体像を把握しているといわれる人たち、つまり意思決定者に白紙委任をして、好き勝手な振る舞いを許すべきということではありませんよね！」

「その通りです。いかなる意思決定も、必ず手順と内容を十分考慮して行うべきです。それは倫理に関わる問題であり、結果としてバランスに関わる問題です。しかし残念ながら、物事が必ずしも思った通りに運ばないことは認めなければなりません。それが意図的なこともあれば、無意識や不注意によることもあります。さらに、能力不足やノウハウの欠如が原因の場合もあります」

旅人は思案した。老人は必ず納得のいくように言葉を選んで話した。旅人はまだ怒っていたが、自分の状況分析をもっと深く成熟したものにできると認めた。

この次は、意見をまとめる前に、感情にとらわれていないことを確認するつもりだった。最初の一歩として最適だろう。

判断に必要な情報や視点を欠いたまま、常にあらゆる判断を下す人を、彼は山ほど知っていた。それを心の底から腹立たしく感じることもあった。

老人はほほ笑んだ。旅人が元気になったように思い、森のそばの湖まで散歩しようと誘った。

湖

二人は湖畔の土手に腰かけた。

息をのむほど美しい景色に、旅人の目はくぎづけになった。

「この場所をどう思いますか？」杖をついた老人は尋ねた。

「本当に素晴らしいです。すべてが完全に調和しているようで……」と旅人はすっかり魅了されて言った。

「確かに、自然には完全な調和を生み出す力があります」

老人はさらに言った。

「湖面をごらんになっていますか？」

「ええ」

「湖面が完全に穏やかで、空や景色の美しさを映し出すには、どんなに深いところの水も穏やかでなければいけませんね？」

「なぜ、そんなことを？」旅人は尋ねた。

「水が穏やかでなければ、湖面が荒れるからです」と老人は答えた。

「湖底の泥は、徐々に水と混じって水を濁らせます」

「まだおっしゃっている意味がわかりません……」

「人の心にも同じことが当てはまりませんか？」老人は含みを持たせて言った。

「どういうことですか？」

「つまり、心の葛藤や負の感情は、泥が湖水に混じるように、必ず人の心を曇らせます。水と同じように、明瞭でないと心は曇るのです」

「つまり、怒りが視界を曇らせる、ということですか？」

「まさにその通りです」と老人は言った。

旅人はすっかり感心して言った。

「わかりやすい例えですね」


旅人は無意識に杖を手に取り、たった今学んだことを試すかのように、湖畔の水辺から水の底をかき回し始めた。すると、水が濁ってきた。初めて科学の実験をした少年のように、彼は目を輝かせた。

旅人がだんだん落ち着きを取り戻す中、杖をついた老人は、空の色が変わる様子を眺めに一人で散歩に行った。

しばらくして老人が戻ると、旅人は言った。

「仕事を失ったことで、われを忘れてしまい、申し訳ありませんでした。失礼なことばかり言ってしまって。気を悪くされていませんか……」

「そんなことはまったくありませんから、安心してください」と老人は答えた。

「あなたの反応は人間として自然です。ショックを受けた後のごく当たり前の感情を表したにすぎません」

それから、老人は旅人の目を見つめて言った。

「とはいえ、私の気持ちを気遣ってくださってありがとうございます。あなたの思いやりに感謝します」

長い間気が張っていた旅人は、ほっとして笑顔を浮かべた。

老人との対話は今後のためになると旅人は確信した。

それに、老人の落ち着きと見識の源を是が非でも突き止めなければならなかった。もしかしたら、バランスの秘訣がそこに隠されているのではないだろうか？

運

楽屋に戻ると、杖をついた老人は旅人にワイヤーに乗るよう促した。

「僕に選ぶ権利はありますか？」旅人はにやりと笑って言った。

「あなたにユーモアの感覚が戻って嬉しいですよ」と老人は軽い口調で返した。

今回、旅人は最初よりも自信を持ってはしごを登った。まだ慎重ではあったが、ワイヤーを渡り始めることをためらわなかった。

前よりも一歩先まで踏み込んだとき、前回と同じように足を滑らせて落下した。

旅人は無言でワイヤーの上に戻り、また落下した。その後も登っては落ち、登っては落ちを繰り返した。

旅人は情けない結果に明らかにイライラして、「ついてないな！」と愚痴をこぼした。

「それはどういう意味ですか？」と老人は聞いた。

「この結果を見ればわかるでしょう？」

「結果は仕方ありませんが、あなたはすでに進歩していますよ。失敗は成功のもとですからね。失敗から学べばですが。どの落下からも教わることがありますから」

「そうかもしれませんが、まったく進歩を実感できません！　どっちみち、僕は運に恵まれたためしがないから……」

「ワイヤーを渡り切る能力に、運が大きく関わると本気で思っているのですか？」と老人は尋ねた。

「それはわかりませんが、ほかの人たちよりも運に恵まれている人がいるのは確かです。そういう人はたいてい、運のおかげでいい思いをするんですよ」

「もっと運がよくなりたいのですか?」

「もちろんです!　あなたは違うんですか?」老人のことをもっと深く知る好機と見て、旅人は聞いた。

「私の場合、もし運に頼った人生を送っていたら、今のような自分になっていなかったでしょうね」と老人は答えた。

「なぜ、今のような自分になっていないと?」検察官が裁判でするように、旅人はそれとなく探りを入れた。

「人生には試練がつきもので、私も例外ではないからですよ」

「たくさんの試練を経験されたんですか?」

「それは程度の問題です……。そこから多くのことを学びましたし、必要な強さと勇気を与えてくれた人生には感謝しています」と老人は言った。

老人は間違いなく、興味の尽きない人物だった。

この老人は一体何者なのか?

どんな試練を乗り越えてきたのか?

どこからやってきたのか?　どこへ向かっているのか?

そんな疑問が頭の中で渦を巻いたまま、旅人はさらに質問攻勢を仕掛けた。

「でも率直に言って、人生のスタートは皆同じではないですよね？」

「その通り、人生のスタートは皆同じではありません」

「であるならば、ほかの人たちよりも運に恵まれた人がいることになりませんか？」と旅人は主張した。

「私は運そのものについて話しているのではありません。人生で起きることを運のせいにすれば、私たちは境遇の犠牲者になる。自分の人生をコントロールしていないことになるんです。それが私の考えです」と老人は最後の部分を強調して言った。

「つまり、僕が自分の人生をコントロールしていないとおっしゃるんですか？」旅人は険しい表情で尋ねた。

「とんでもない。そう言っているのはあなた自身です。実際そう思うのですか？」

この質問に旅人はたじろいだ。

「いえ……あの、それは場合によります。僕は……」

旅人は口ごもって一旦話を止めた。そしてこう続けた。

「正直、僕にはもうわかりません。長い間すべてをコントロールできていると思っていました。でも今は、一体何をコントロールできているんだろうと思うんです……」

「あなたはコントロール可能なことしかコントロールできませんよ」と老人は言った。

「まず自らの精神を鍛え、後は成り行きに任せることから始めるのです。ワイヤーをごらんなさい。あれを端から端まで渡るのは、運とは何の関係もありません。ワイヤーを渡るためのツールを必要な形で自分に多く与えるほど、運があなたにほほ笑む確率は高まります。それ以外を望んではいけません！」

「そのツールというのは何ですか？」と旅人は聞いた。

「練習を通じてわかるようになります。練習に勝るものはありませんからね」と老人は答えた。

「鍛錬を怠らない者だけが前進できるのです」

「それにしても、あなたが人生を語るようにワイヤーについて語るのが、実に興味深いです」

「それがほかのことにも関連しているとは思いませんか？」と老人は問いかけた。

この質問は、旅人にとって啓示となった。

すべてがはっきりと見えた気がした。

突然、ワイヤーが人生の象徴であることに彼は気がついた。その成功と失敗、バランスとアンバランス……。

そして、時間が流れた。

エネルギー

「ワイヤーに戻ってもいいですか？」と生き返ったように弾んだ声で旅人は言った。

杖をついた老人はうなずいて同意した。

もうそれ以上、旅人に励ましは必要なかった。

しかし、同じシナリオがまた繰り返された。

旅人はいら立ったまま、再びワイヤーの上に戻ろうとした。そして、また落下した。疲れが見え始めていた。

彼はもう無我夢中だった。自動操縦状態で何度目かのワイヤーに乗る準備を始めたそのとき……、老人は急に、杖でその動きを制止した。

「そんな調子では、何度でも落下を繰り返すでしょうね……」

「成功させようと必死で頑張っているときに、なぜそんなことを言うんですか？」旅人は怒って言った。

「そんな調子で続けても、成功できっこないからです！」

「今回ばかりは、納得できません……」と言って、旅人は諦めたように両腕を下ろした。

「人生と同様、ワイヤー上でのパフォーマンスはエネルギー次第です。ワイヤーの上に戻るよう促したのは確かに私ですが」

「ええ、そのことを言っているんです。それなのに、なぜ僕を止めるんですか？」旅人は腹を立てて言った。

「ツール、特に適切なツールを手に入れるということは、成功戦略の立て方を理解することにもつながります。まずは、エネルギーの消費と充電のバランスを見極めて、エネルギーを回復させる方法を身につけなければいけません。適切なタイミングでやめる方法を知る必要があるのです。よい状態で再開できるように」

杖をついた老人は説明を続けた。

「あなたの体は車で、脳はドライバーです。目標を達成したいなら、どちらも大事にしなければいけません」

旅人がその言葉について考えている間、老人は沈む夕日を見ていた。

そして、そろそろ戻って動物たちに餌をやる時間だと考えた。ラッキー・スター・インの管理もしなければ。

少ししてから、老人は言った。

「さあ、宿に戻る時間です。果物かごを運んでいただけますか？」

旅人は同意した。帰り道では一言も口をきかなかった。

ノート

旅人は、あれこれ考えながら夕食を済ませた後、妻に電話をかけた。解雇されたことを伝えるまでためらっていたが、ついにその事実を打ち明けた。

いつもなら、面目を保つために言い訳をこしらえるところだ。

しかし、理由はわからないが、久しぶりに逃げ道を探そうとはしなかった。

嬉しい驚きだったのは、これから夫婦で直面するであろう逆境について、妻が前向きな心強い反応を見せたことだ。結局、彼は仕事を失ったにすぎなかったのだ！

旅人は急に気持ちが軽くなった。

妻に宿の住所と電話番号を教えて、少しの間じっくり考える時間をくれないかと告げた。

妻は快諾した。夫の声の調子から、その時間がどうしても必要なことを察したかのように。

部屋に上がる途中で、旅人は杖をついた老人におやすみなさいを言った。老人はハードな一日を終えた旅人の気分を尋ねた。そして、その肩に手を置き、出会ってからこれまでに彼が成し遂げた進歩を褒めた。

階段を上がる途中、旅人は壁に掛かった一枚の名画の前で足を止めた。その調和とバランスに魅了されたのだ。まるで、そのエネルギーを吸収するかのように、絵画を長い間じっと見つめた。くたくたに疲れているにもかかわらず、背筋が伸び、エネルギーが湧き上がって血管を駆け巡るのを感じた。一時的ではあっても、ありがたい力だった。

部屋に入った途端、旅人はコーヒーテーブルの脇の肘掛け椅子に崩れ落ちた。

部屋の中を見渡すと、例の「……のノート」が目に留まった。

ノートを手に取り、視線を落とした。

この言葉に何か別の意味があるのだろうか？

突き止めようとノートをパラパラとめくってみた。驚いたことに、空白のページ以外は見当たらなかった。

この空白のページは自分のためのものだろうか？

そうであるならば、ある種の招待なのか？

一体何の招待なのだろう？

突然、すべてが明白なことに思われた。

ノートがここにあったのは偶然ではないと旅人は考えた。だが、老人の何かしらの予感によって置かれたものとは思わなかった。

いずれにしろ、よく考え抜かれたものだ！

旅人はこの特別な一日の持つ意味を記録する必要があると感じて、最初のページに何げなく自分の思いを走り書きした。


英気を養う！

・落下した後、
心を静め、感情をコントロールして、
落ち着きを取り戻す

・状況を把握し、
あるがままに受け入れる！
・そこから教訓を得た上で、
「バランスは運とは関係ない！」と心に刻む
・自分のエネルギーを管理し、
ワイヤーに戻るまでに回復できるようにする

旅人はノートをテーブルに戻した。シャワーを手早く浴びた後、ベッドに横たわり、眠りに落ちた。

メッセージ

明け方、旅人は鳥のさえずりで目を覚ました。

これほどぐっすり眠れたのは久しぶりだった。起き上がるのが全然苦にならなかった。

すぐに身支度をして、朝食を取るために階下へ降りた。

宿が用意した朝食の種類の豊富さ、鮮度、質の高さに旅人は目を見張った。五感を満たすごちそうだ！

好奇心から、多様な地元食材の自然な風味を一つ一つ時間をかけて味わった。だんだんと英気が養われ、体の調子がよくなっていくのを感じた。

幸先のよい一日の始まりだ……。

旅人がまだ食事の席に着いている間に、誰かがそっと近づいて封書を手渡した。

「このメッセージをお客様にお渡しするように言われまして」とその人物はささやいた。

旅人は封を切って中身を読んだ。

「綱渡りが即興で成功することはまずあり得ない。下を向けば落下する」

差出人は老人以外にあり得ない。まったく不思議な人だと旅人は思った。

このメッセージをどう解釈すべきなのだろう？

もう一度読み返した。

「綱渡りが即興で成功することはまずあり得ない。下を向けば落下する」

綱は人生の象徴。旅人はそう理解していた。

人生は行き当たりばったりでは乗り切れないということだと解釈した。つまり、準備が肝心であり、絶対不可欠ということだ。綱をうまく渡り切るだけではなく、落下を避けるためにも。

旅人は解雇されたことに思いを巡らし、もっとしっかり準備しておくべきだったのかと考えた。いずれにしろ、類推すれば、それがメッセージの一つの解釈の仕方だった。

解雇されたと知ったとき、彼は打ちのめされた。準備ができていたとは到底言えなかった。

だが同時に、準備などできるはずがなかったと自分を納得させていた。

ところが、準備はできたはずだ……いや、準備しておくべきだったと心の声がささやいた。

いつでも準備はできると理解すべきなのだろうか？

旅人は思い直した。いつでも準備しておかなければならないのだ、と。

だが、人生に何が待ち受けているかわからないのに、何に対して準備をすればいいのだろうか？

考えが次々と浮かんできた。

よきにつけ悪しきにつけ、常に準備を怠らないことが解決法であるのは間違いないと旅人は結論づけた。

また、そう考えると、すでにさまざまな形の明確な警告サインが目に入っていた。同僚や友人から、ときには見知らぬ人から。

さらには、世界経済の変化を盛んに報じるメディアからも。

こうしたメッセージに耳を傾けようとも、それを読み取ろうともしていなかったと旅人は自覚した。

それこそが前触れだったのだ！

振り返ると、そうしたメッセージをいつも無視してきた。ことごとく。

なぜ、自分はそれほど無関心でいられたのだろうか？

人生が自分に向かって発していた数々のサインを考えれば、自分の身に起きたことは、さほど驚くにあたらないように思えた。

要するに、自分は孤立していたのだ……！

メッセージは、まさに読んで字のごとしと思われた。少なくとも、ざっと読む限りは。

「……下を向けば落下する」

地面に気を取られれば簡単に落下してしまう、ということだと推察した。

落下への恐れ、注意散漫、ミスによって……。

つまり、ワイヤーを渡り切る可能性を最大にするには、下を見ずに、常にまっすぐ前を見据えていなければならないのだ。落下しないためにも。

簡単には成功できないことを理解して、旅人はその教えをすぐに実行しようと決めた。

そのために、老人のメッセージを細部まで丹念に読み返そうとした。一語一語、すべてを。メッセージの本質をつかむために。何事も運任せにしないように。

「綱渡りが即興で成功することはまずあり得ない。下を向けば落下する」

ワイヤーを、そして人生をうまく渡り切るには、常に準備と用心を怠ってはいけないのだと旅人は結論づけた。

彼はそのメッセージに隠された真のメッセージを読み取り、意図を推測して、しっかりと自分のものにした。サイドミラーとバックミラー、アンダーミラーとオーバーミラーを身の周りに置き、視界を良好にして、周囲の影響を受けにくくするのが得策ではないかと思った。

新たに身につけた鋭い分析力に、自分でも驚き、嬉しくなった。

確かに、幸先のよい一日の始まりだ……！　旅人は独り言を言った。

楽屋に戻りたくて仕方がなかった。

……準備をするために。

土地

楽屋に向かうために、旅人は前日と同じルートを通った。だが今回は、前に見過ごしていたさまざまな細かいことに気がついた。

その散策で、旅人の気持ちは弾んだ。

ほどなくして、彼は一人でワイヤーの前に立っていた。

今朝受け取ったメッセージから、てっきり杖をついた老人がここで待っているものと思い込んでいた。

でも、老人はいなかった。少し寂しい気がした。

そのとき、遠方から聞こえる反復音が旅人の注意を引いた。

音がするほうへ向かうと、広大な畑の真ん中に二つの人影がぼんやりと見えた。

農作業をする二人の様子を旅人はじっと見つめた。一つ一つの所作に注意を払う姿から、自然への畏怖の念が感じられた。

人間と土地のこの恵まれた関係は、共生の一つのあり方だ。

旅人はそれを見逃さなかった。まるで一枚の絵画を鑑賞しているような気分だった。

しばらくして、二つの人影のうちの一つが彼に近づいてきた。

それは老人だった。杖はついていない。

二人は挨拶を交わした。

さっき受け取ったミステリアスなメッセージを思い出して、旅人は無意識に老人との親密な会話を期待していた。

だが、老人はただほほ笑んで尋ねた。

「よく眠れましたか？」

「それはもう、ぐっすり！」旅人は熱を

込めて答えた。

「ここは天国ですよ。元気を取り戻せた気がします」。それから質問を返した。

「ここに長くお住まいなんですか？」

「ええ、ずいぶん長くなります」と老人は静かに答えた。

「畑仕事はよくされるんですか？」旅人は興味津々に尋ねた。

「好きな仕事の一つです。土に触れるのは、私にとって大事なことなので」

「空中のワイヤーの上で訓練するのがお好きなのに、面白いですね！」と旅人は冗談交じりに言った。

「そう思いますか？」と老人はいたずらっぽく返した。それから名言を引用して、

「つまり、万物は土より生じ、土に還る……ですね」と付け加えた。

老人の人生観に旅人は驚かずにいられなかった。杖をついていようがいまいが、老人には驚かされてばかりだった。

少ないとはいえ、老人の人生に関して新しい情報をついに得られたことが、旅人は嬉しかった。

唯一の難点は返ってくる答えがすべて暗号じみていることだ！　秘密諜報員顔負けに！

旅人は再び詮索を始めた。

「お一人でお住まいなんですか？」

「いいえ」。老人はそう返すだけで、詳しく語ろうとはしない。

「奥様とご一緒に？」旅人は思い切って尋ねた。

「ええ。妻が亡くなるまでは……」

旅人は二の句が継げなかった。身の縮む思いで、

「大変申し訳ありません。お聞きすべきではありませんでした」と言うしかなかった。

「お気になさらず。慣れていますから」と老人は返した。

エゴを脇に置く

「ところで、お連れ合いとは連絡が取れましたか？」と老人は旅人に尋ねた。

「ええ。昨日の夕食後に電話をかけました」と旅人は答えた。「職場であったことを説明して、じっくり話し合いました。本当のところ、妻がとても理解を示してくれて驚きました」

「よかった。それをうかがって私も嬉しいです」

旅人は、「夫婦関係がぎくしゃくしていただけに、なおさらです。妻からあれほど前向きな反応が返ってくるとは思いも寄りませんでした」と打ち明けたい衝動に駆られた。

「なぜそんなに驚いたのですか？」と老人は尋ねた。

「普段、妻は僕を理解してくれませんから」

「なぜそう思うのですか？」

「彼女の態度です！」と旅人は迷うことなく答えた。

「彼女の何が気に入らないのですか？」

「何が気に入らないって？」旅人は言った。

「僕の立場に立とうとせず、話を聞かないからです」

「お連れ合いはあなたの態度をどう思っていますか？　あなたは彼女の立場に立とうとしていますか？　話を聞いていますか？」と老人は質問した。

「ええ……まあ、そう思いますよ」と旅人は自信なさそうに答えた。

「あなたがそう思っているのですか、それともお連れ合いが実際にそう言ったのですか？」

「妻に言ってもらう必要はありません。僕にはわかります。それで十分ですよ！」旅人は自分を納得させるように言い張った。

「それに、人の心を読むのは得意ですから。僕にはわかるんです」

「ほう」とだけ老人は言った。

永遠と思えるような長い沈黙が続いた。

自分を正当化するためか、旅人はさらに続けた。

「僕が完璧ではないにしろ、妻だって努力できるはずです。そう思いませんか？」

「私が思うのは、バランスが肝心だということだけですよ」と老人は平然と答えた。

「天秤がどちらかに傾けば、おのずとアンバランスが生じます。アンバランスな状態が長引く場合もあります。関係を結ぶパートナーのどちらか一方あるいは両方を犠牲にしながら。さらには、友人や家族を巻き込みながら」

「でも、僕なりに努力しているつもりです！」と旅人は言った。

「お連れ合いはどうですか？　同じ印象をお持ちでしょうか？」

「それは場合によりけりです。いつもというわけではないでしょうが」と旅人は言った。

「そもそも、僕と妻とでは物の見方が違うんですよ」

「お連れ合いがあなたを理解していないとおっしゃいましたね」と老人は旅人に確認した。

「あなたはどうですか？　彼女を理解していますか？」

「ええまあ、今までそう思ってきましたけど」と旅人は歯切れの悪い言い方をした。今となってはあまり自信がなかった。

「お連れ合いはあなたが自分を理解してくれていると思っていますか？」

「妻がどう思っているかなんて知りません。妻の頭の中はのぞけませんから！」

「ついさっき、お連れ合いがあなたの立場に立とうとしないから腹が立つとおっしゃいませんでしたか？」と老人は言った。旅人が発する言葉の意味に細心の注意を払っているようだった。

「……」

「あなたが理解してくれていると思っているか、お連れ合いに聞いたことがありますか？」と老人は尋ねた。

「でも、問題はそこじゃないでしょう！」旗色が悪くなり、旅人は少しいら立ちながら言った。

「問題はそこじゃないのですか？　あなたの問題はそこじゃないのですか？」と、旅人に微妙な違いを認識させようとして、老人は質問した。

老人はさらに続けた。

「要するに、批判をどのくらい受け入れる用意があるかを、ここでは問題にしているのです。特に、家族や友人からの批判ですが」

「人間は、批判なんかめったに受け入れませんよ！」と旅人はやや茶化すように返した。

「それがごく普通じゃないですか？」

「普通？」老人は大きな声を出した。

「それは残念ですね。建設的な批判である場合は、特に。批判にもっと耳を傾けて、ときには自分から批判を求めることが、誰にとってもプラスになるとは思いませんか？」

「妻からの批判を求めたりしたら、けんかが絶えませんよ！　あなたの言う通りにすれば、みんなから批判ばかりされることになりませんか？」と旅人は皮肉たっぷりに言った。

「批判を受ければ、自分をよく知ることができますし、ひそかに怒りを買わずに済みます。その結果、前進できるのです。受けた批判をどう考えるかは、本人次第です」と老人は言った。

「批判を受けるには、その前提として、少しの間エゴを脇に置き、相手に心を開く必要がありますが」

「はぁ、お話を聞く限り、僕はそれができるほど大人じゃないようです」と旅人は認めた。

老人は、このやりとりで旅人が動揺したのを察した。まさにそれが狙いだった。つまり、自分の限界を超える必要があると自覚させ、挑戦させることだ。

綱渡り師としての経験から、過度に動揺すれば、バランスを崩して落下することが老人にはわかっていた。だからこそ、旅人にそれを認識させようとしたのだ。

一方、旅人はうつむいていた。自分との対話に没頭しているようだった。

自分は現実から目を背け、妻の要求や期待（言葉で表現されたもの、されないものを問わず）を顧みなかったのだろうか？　老人に倣って連れ合いと言うべきか。言葉の選び方とその重要性を考えるべきなのか……。

またもや的外れなことを自問していると気づき、旅人ははっとした。これだから正しい答えが見つからないのだ。

一つの状況のあらゆる側面を理解する責任は、今や自分にある。老人とのやりとりがそれを明確に示していた。

旅人は、このアプローチの意味と意義を理解し始めていた。


老人は畑のへりに沿って数歩歩いた。

畑を耕すのに使っていた農具にもたれて、老人は地平線を一心に見つめた。

それから、黙り込んでいる旅人のもとへ戻り、あまり遠くないところに置いてある杖を取ってきてもらえないかと頼んだ。

旅人は杖を持って戻り、老人に手渡した。

老人は、杖と引き換えに農具を旅人に手渡して、こう言った。

「この区画だけ作業が残っています。私の代わりに作業を終わらせてくださると、とても助かります。用事をいくつか済ませてすぐに戻りますから。お願いできますか？」

旅人は、深く考えずにうなずいた。

そうして、杖をついた老人は立ち去った。

一人残された旅人は、畑を耕し始めた。老人がしていた動きを見よう見まねで機械的に繰り返しながら。

旅人の脳の働きも、自信がないままに繰り返す動作と連動していた。旅人は複雑な感情にとらわれて、行き詰まりを感じた。

老人の言うことは正しいと認めざるを得なかったが、自分が間違っているとは認めたくなかった。

旅人は、平静と怒りが入り混じった状態に陥った。さまざまな考えやイメージで頭がいっぱいになり、物事をはっきりと見極めることができなくなった。

ついにはすっかり気力を失って、作業をやめてしまった。


その後、旅人の予想よりかなり遅れて、老人が水筒を手に戻ってきた。

水筒は旅人のために用意したものだったが、近づいてみると、旅人がその場にじっと座り込んでいたので、老人は驚いた。作業を頼んだ区画のごくわずかしか耕されていなかった。

「大丈夫ですか？」と老人は声をかけた。

返事はない。

老人は質問を繰り返した。そして、残された作業量の多さに、驚きと失望を率直に表した。

「あなたを当てにしすぎたのでしょうか？」と老人は皮肉交じりに言った。

「僕は作業をするためにここへ来たわけじゃありません！」旅人はうんざりした様子で、不満を爆発させた。

「ごもっともですが、それは作業の種類にもよりますよ」と老人は冷静に返した。

「ご自分を磨く努力をしたくないのですか？」

「もちろん、自分磨きはしたいですけど、畑仕事が何の役に立つんですか！」旅人は信じられないという表情で言った。

「畑仕事は自分磨きの役に立たないと本当に思いますか？」と老人は尋ねた。

「わかりませんけど……」と旅人は返した。

「では、教えましょう。肉体労働は頭脳労働の準備に最適です。この二つは常にセットで行うべきなのです。それに、肉体労働には私たちを謙虚にさせる力があります。土地の現状を知る機会も与えてくれます。あなたに少々畑仕事をお願いしたのはそのためです」

「それなら納得できます」

旅人がのどの渇きを癒やせるように水筒を手渡してから、老人は続けた。

「あなたのお願いを聞くと約束しましたね？　お願いを聞くからには、私を信頼してもらわなければいけません。習慣や信念を捨てる覚悟も必要です。覚えていますか？」

例として、老人は地平線を杖で指した。

「太陽をごらんなさい。昼間は明るく力強く輝いています。でも時が来れば、その場所と光を夜の星々に譲るのです」

旅人は、熱心に聞き入っていた。

「エゴを脇に置いて謙虚でいれば、自分の中に新たな能力を見いだす喜びが生まれます。あなたの人生に相手を正しく位置づける喜びも。それが、すべての生産的関係の基盤になるのです。わかりますか？」

「わかってきた気がします」と旅人はきまり悪そうに答えた。

「僕はときどき自己中心的になってしまうようです」

一瞬間を置いて、旅人はつぶやいた。

「妻に厳しく当たりすぎていたかもしれません……」

「おめでとうございます！」と老人は言った。

「あなたは成長していますね」

「なぜ、おめでとうなんです？　まだ何一つ成し遂げていないのに！」

「『おめでとう』と言ったのは、あなたが新たな段階に入って、相手ではなく、自分の振る舞いに目を向け始めたからです」

「……辛抱強く付き合ってくださってありがとうございます。僕は手のかかる生徒ですね」

と旅人は言った。

「綱渡り師たるもの、楽な道は選びません！」と老人はユーモアたっぷりに返した。

旅人は、妻のことや、自分の心の狭さが原因で苦しめたであろう人たちのことを考えた。

そして、ノートを取り出し、考えをまとめてから、次のようなメモを書き留めた。


アンテナを張り巡らす！

自分の身に起きているあらゆることに注意を払い、
心の中の解読器《デコーダー》を働かせて、
今後起こり得る事態に備える

批判を歓迎する
批判を聞き、受け入れ、活用する
勝つために、エゴの争いの負け方を知る

老人には仕事に戻ってもらって、旅人は楽屋へと向かった。

ワイヤーの上で、旅人は練習を繰り返した。

そうして、一日が過ぎていった。

宿に戻ると、老人はオフィスで忙しく働いていた。

少しの間、二人は雑談をした。

別れ際に老人が、翌日は夜明けまでに出掛ける準備をしておくように、と旅人に告げた。

遠出をするためだった。

登山

「あと一息です。もう、すぐそこですよ」

杖をついた老人は、諦めないように旅人を励ました。

旅人は息を切らし、立ち止まって下を見た。

老人は杖で山頂を指し、上を向くように促した。

旅人は足を引きずりながら歩き続けた。そのとき、ふと例のメッセージを思い出した。

「下を向けば落下する」

この言葉をじっと考えた。

そして、上を向けば山頂にたどり着けるはずだと思い至った。

老人に山頂から呼びかけられて、その思いはさらに強くなった。

「そこで諦めてはいけません！　ここまで来てごらんなさい。それは素晴らしい眺めですよ！」

旅人は、老人のバイタリティーに舌を巻いた。

あの年齢の杖をついた人が山を登るなんて、どれだけエネルギーがいることだろう。

ずいぶん年下の杖もつかない男が、ついていくのにこれだけ苦労しているのに。

それでも旅人は、老人の勇気と気概に背中を押されている気がした。

老人は次から次へと挑戦を続けながら、驚くほど余裕があるように見えた。

見ているほうが戸惑うほどに！

旅人は踏ん張った。最後にありったけの力を振り絞り、ついに山頂までたどり着いた。

なんて素晴らしい眺めだ！　嬉しくてたまらない子供のように、旅人は思わず飛び跳ねた。

山頂から見ると、すべてが違って見えた。すべて違う形をして、違う見方を提示していた。

その高さのおかげで、新鮮な視点で全景を捉えることができた。

旅人は目もくらむような景色に酔いしれた。老人の戒めの言葉を思い出さなければ、世界の頂点にいるように感じたかもしれない……。

旅人は、誇らしさと達成感で胸がいっぱいになった。自分自身を超えたのだ！

彼は老人に駆け寄り、その手を握って、心からの感謝と満足感を表した。

その気持ちに気づいた老人は、旅人に自分の隣に座るよう勧めた。

遠くを眺めながら、二人はしばらく黙って座っていた。

初めて、深い親交を結んでいるように感じられた。

二人で一緒に、バランスと調和を具現する圧倒的な景観美を味わっていたときのこと。

「あいつにも見せたかった」と、旅人が思わず独り言を言った。

「今、何と？」老人は杖を傍らに置いて尋ねた。

「僕には長年の親友がいます。先日、彼から重病を患っていると聞かされました」と旅人は感極まった声で言った。

「それはお気の毒です。今ここで、そのお友達のことを思いやるのはご立派です」

少し間を置いて、老人は打ち明けた。

「私はここへ来ると、一番身近な人たちのことをよく考えます」

旅人は老人のほうへ顔を向けて、その表情に見入った。彼の中で、老人への尊敬と共感が高まっていた。

「今、隣に妻がいてくれればとしみじみ思います」。旅人は老人に向かって言った。

「この特別な時間と場所の素晴らしさを、妻もわかってくれるはずですから。本当に頑張った甲斐がありました。ありがとうございました！」

老人はさらりと答えた。

「どういたしまして。私のほうこそ、この場所の価値を理解してくださって嬉しいです」

「ここへ来ることができて、僕は実に運がいい。この場所には何か不思議な力があります」

「運に恵まれていないと思っていらしたはずですが！」と老人は陽気に言った。

旅人はほほ笑んだ。

「確かに、そうでした。要するに、すべては心の持ちようなんですね！」

「あなたからその言葉が聞けるとは嬉しい限りです」と老人は言った。

「自分の信念を変えるとき、自分の身に起こることへの見方も変わります。一種の連鎖反応が起きるのです……」

「今ちょうど、その連鎖の始まりにいる気がします。考え方を変えなければならないことが、まだまだたくさんあります」と旅人は言った。

「最初に宿に来られたときと今とを比べて、何か変わった感じはありますか？」

旅人はにっこり笑って言った。

「手のマメが増えました！」

「どうやら元気とユーモア感覚を取り戻しつつあるようですね」と老人は結んで、笑い出した。

足かせ

しばらくすると、突然、旅人が黙り込んだ。

陽気な時間が憂うつに変わっていた。理由はわからなかった。

職を失った自分の姿が脳裏をよぎった。冷や水を浴びせるように。

自分は時間を無駄にしているのだろうか？

つまるところ、僕は失業者だ！

理性がこう問いかける。職探しを始めなくてもいいのか？

こういう状況で、くだらないことをしている場合か？

杖をついた老人は、旅人の気分が急変したことを感じ取った。

旅人は、老人に率直に話そうと決心した。

「僕が今いるべき場所は本当にここなんでしょうか。ここにいると気分はいいのですが、良心がとがめるんです」

「ご自分の状況が心配なのですか？」

「ええ、今後のことが心配です。失業したばかりなのに、ここで景色をのんびり眺めているなんて！」旅人は取り乱した。

「二重の罪悪感を抱えているのですか？」

「『二重の』とは、どういう意味ですか？」と旅人は質問した。

「あなたは職を失って、別の場所にいるべきだと思いながら、あなたの言葉を借りれば、景色をのんびり眺めている。確かに二重の罪悪感を抱えているようですね。それで気が重いのであれば、よくわかります」

「僕が感じているのは、まさにそれです。でも、どうしたら二重の罪悪感を克服できるんでしょうか？」と旅人は尋ねた。


杖をついた老人は深呼吸をした。それから、立ち上がってこう言った。

「罪悪感は複雑な問題です。残念ながら、年齢を問わず多くの人が罪悪感に苦しめられています。そのきっかけが遠い過去の出来事であったり、本人をはじめ家族や友人に深刻な影響が及んでいる場合もあります」

「確かに、そうですね」と旅人は言った。

老人はさらに付け加えた。

「罪悪感というのは、鉄球と鎖の足かせをはめられているようなものです。自分が足かせをされたままワイヤーを渡ろうとしている囚人だと、一瞬想像してみてください。何が起こると思いますか？」

「ああ、なるほど」と旅人はそのイメージを思い浮かべながら言った。

「前に進みづらいし、落下を避けるのも難しい。ワイヤーが切れることさえあるかもしれない……」

旅人は、罪悪感が家族や友人に及ぼす深刻な影響についても考えた。

「それに、足かせをされていたら、どうやってワイヤーの上に戻ればいいかわかりません」

と旅人は付け加えた。

「その通りです」と老人は言った。

「罪悪感は私たちを過去に縛りつけ、未来を築くのを妨げます。解放される唯一の方法は何だと思いますか？」

「足かせを外すことだと思います！ほかにありますか？」

「それ以外の方法は思いつきません」と老人は言った。

「とはいえ、言うは易く、行うは難し、ですか！」と、旅人は少し困惑したように返した。

「そんなふうにおっしゃると思いました」と老人は言った。

「罪悪感の問題とそれに伴う混乱の原因はそこにあるのです」

罪悪感が重いテーマであることを十分承知した上で、老人は説明を続けた。

「罪悪感は悪循環を生みます。勝手に大きくなり、自己正当化するのです。どんなにもっともらしい理由をつけても、解放されるのは難しい、不可能だと思い込んでいる限り、罪悪感はまず克服できません。しかし、鎖を断ち切りさえすれば、自信を取り戻し、前へ進むことができるのです」

「そんなに単純なことですか？」ますます戸惑いつつも興味をひかれて、旅人は尋ねた。

「少数の例外を除き、ある意味、自分の脳との付き合い方次第です」と老人は言った。

「私たちの脳は、スポンジのように受け取ったメッセージを吸収しますから」

「では、鎖を断ち切って鉄球から解放されるのに、どれくらい時間がかかりますか？」と旅人は尋ねた。

「あなたはどう思いますか？」と老人は聞き返した。

「それは、本人次第だと思いますが」と旅人は曖昧に答えた。

「正確に言えば、自分が置かれている状況を変える、つまり解放されることについて本人が下した決断、あるいは下さなかった決断次第です。すぐに変えられる人もいれば、決して変えられない人もいる。ほかのあらゆることと同様、自らの決断が自分の運命を決めるのです」

「それほど単純なこととは思いませんでした！」と旅人は言った。

「単純という言葉は、必ずしも適切ではありません」と老人はたしなめた。

「非常につらい境遇にある人にとっては、特にそうです。負のエネルギーが大きすぎて、幸せになることや、バランスを取り戻すことを学ぶのに時間がかかる場合があります。新しい言語を学ぶように、段階的なプロセスを踏まなければならないのです」

「なるほど。では僕の場合、職を失ったことや景色を楽しむことに罪悪感を持たないようにすべきですか？」

「あなたが職を失ったのは過去のことです」と老人は言った。

「そもそも過去は変えられません。そのまま受け入れるしかないのです。わかりますか？」

「ええ」と旅人はやや力なく答えた。

「同時に、景色を楽しむのは、今現在のことです。ですから、最大限に楽しむか否かを、あなた自身が選べるのです。わかりますか？」

「ええ……はい。わかります」。老人の論理展開についていこうとして、旅人は返事をした。

「その機会を生かさないと決めたら、景色を見つめることから生じる喜びとバランスのメリットを得られません。つまり、あなたは損をするのです。ここまで、わかりますか？」

「はい、わかります」と旅人は答えた。

永遠の不満

少し間を置いて、老人は言った。

「今この瞬間を無駄にすることのリスクは何だと思いますか？」

「えっと……機会を逃すことでしょうか？　違いますか？」と旅人は尋ねた。

「ええ、そうです。でも、それだけではありません。本当の問題は、幸せな気持ちで景色を見つめるべきときに、意識的であれ無意識的であれ、幸せにならない選択をしてしまうことです。それによって長期的に何が起こるか、わかりますか？」

「決して幸せになれない、ですか？」と旅人は控えめに答えた。

「その通りです！　永遠の不満と呼ばれる状態です。あるいは、際限のない幸福の追求とも。黄金郷《エルドラド》はずっと自分の中にあるのに、遠くばかり探しても意味はありません」

旅人は、老人の言葉に共感しながら、熱心に耳を傾けていた。

老人はこれに気づいて、さらに付け加えた。

「永遠の不満状態に陥ると、いつか満足したいという思いで将来を展望することができなくなります。私たちに備わっている意欲とエネルギーがそがれるのです」

老人の言う永遠の不満が、どの程度自分に当てはまるだろうかと旅人は考えた。

自分が幸せと思い込んでいたものは、見せかけの幸せにすぎないかもしれない、と旅人は気づいた。

そのとき、ふと新車が納車された日のことを思い出した。彼は誇らしさで胸がいっぱいだった。念願の車がついに手に入ったことが、嬉しくてたまらなかった。

だがほどなくして、同じくらい真新しく、さらに上位モデルの車が隣家の駐車場に止まっているのを見かけた途端、彼の幸せな気持ちは失望といら立ちに変わってしまった。

それは遠い過去の出来事だったが、今でも鮮明に記憶に残っていた。まるでその駐車場で不愉快な経験をまるごと追体験しているかのように。

彼の人生では、同じような状況がたびたび起きていた。

数々の不満の事例をひとまとめにすれば、老人の言う永遠の不満にほかならなかった。

事実を認識し、変わるべき時が来ていた。

展望

今、太陽は天頂にあり、その光が、様変わりしたように見える自然界のあらゆる要素に降り注いでいた。

景色は違って見え、空は澄みわたっていた。

杖をついた老人は、下山する前に食事をしようと提案した。

二人は、老人が早朝にこしらえたサンドイッチを食べた。ハードな一日のおかげで余計においしく感じられた。

食べ終わったころ、老人が旅人に話しかけた。

「お顔の表情を見る限り、さっきの会話が刺激になったようですね」

「ええ、その通りです」と旅人は言った。

「将来何がしたいか、考えはありますか？」と老人は尋ねた。

「それを決めるのはまだ少し早すぎます。失業したばかりですから。仕事が見つかれば、何

事も自然にうまくいくでしょう。どんな仕事でも見つかりさえすれば」

「それがあなたの望みですか？　仕事を見つけることが？」

「働いて生計を立てないといけませんから」と旅人は言った。

「現実的になろうとしているだけです」


「あなたにとっては、仕事そのものが目的ですか、それとも仕事は手段にすぎませんか？」

と老人は尋ねた。

「支払いが必要な請求書がありますからね」と旅人は言った。

「返済すべきローンもあれば、養うべき家族もいる。責任を果たさなければなりませんし、いずれにしろ、ないものねだりをしても仕方ありません。仕事が見つかれば、まずまずでしょう」

「では、どうなれば望ましいですか？」と老人は尋ねた。

「今、言いましたよね！　仕事が見つかることですよ！」

「私の聞き方がよくなかったのかもしれませんね」。老人はそう言った上で、

「あなたの本当の望みは何ですか？　つまり人生の目標ですが」と聞き直した。

「そんな質問は、自分に問いかけたことがありません。僕は生計を立てなきゃいけない。そ

れだけです。あとはぜいたくですよ」

「やはり、そうですか」と老人は言った。

「何ですって？」

「自分に制限を課しているとは思いませんか？」と老人は尋ねた。

「なぜ僕が？」旅人は少しむっとして言った。

「あなたは、自分の望みを成り行きに任せて決めようとしています。つまり、何もかも義務や物理的制約に基づいて決めているのです」

「現実的にならなければいけないんですよ」と旅人は怒って言った。

「請求書が自分で支払いを済ますわけじゃないんですから！」

「それは否定のしようもありません。私は宿屋の主人です。そういったことには、多少心得がありますから。とはいえ、現実的な見方しかしなければ、義務を果たすだけで一生を終えてしまうかもしれませんよ……」

「人生なんてそういうものでしょう？　あなたにもわかるはずです」と旅人は言った。

「私にわかるのは、前進するためには、義務を超えて、夢を持つ必要があるということです。それこそが本当に必要なことなのです。私たちの真の義務は、夢を現実のものにすること、それだけです」

「お言葉ですが、それはやや理想主義すぎませんか？」と旅人は皮肉交じりに言った。

老人はにっこりと笑った。

「ええ、理想主義ですよ！　なおさら結構じゃありませんか！」

この反応に旅人は驚いた。

「『なおさら結構』とは、どういう意味ですか？」

「理想がなければ、バランスは取れません！」と老人は説明した。

「あの離れ業をやり抜く喜びを強く求めなければ、ワイヤーを渡り切れるわけがありません。あなたはどう思いますか？」

「僕がどう思うか、ですか？」と旅人は繰り返した。

「実を言うと、自分が本当に目指すものが何なのか、よく考えたことがありません」

「では、今その質問を自分に問いかけるとしたら？」

「わかりました。では仮に、僕が自分の目標をわかっていて、その達成を夢見ていたとします。であれば、その目標を実現できる必要があるわけですね！　でも僕は、自分の肩の上に頭を乗せた、分別のある人間なんです」と旅人は言った。

「頭はほかのどこでもなく、ご自分の肩の上に乗せるのがいいと私も思いますよ！」旅人を和ませようと、老人はおどけて言った。

それから老人は真顔に戻って、こう付け加えた。

「あなたにお聞きしたいのですが、自分の今の能力を基に目標を決めなければならないと思っていませんか？　あるいはその逆に、自分の能力を目標や夢に見合ったものにしようとしているでしょうか？」

「……」

旅人は言葉を失った。

一瞬間を置いて、老人は続けた。

「こういった質問をするのは、今どき流行らないのはわかっています。ですが、そのほうが健全で、目標を達成する方策として確実だと思いませんか？」

「まずは、目標を設定する必要があるんですね」と旅人は言った。

「でも、僕は……」

「今はどうですか？　理想の将来を夢見ることを自分に許すなら、それはどんなものですか？」と老人はたたみかけた。

旅人は戸惑った様子を見せた。

「それは、よく考えてみないと……」

彼は話すのをやめた。その場を離れ、集中し直す必要があった。

数歩歩いて、一瞬地面を見つめ、そして空を見上げた。

こんな会話は誰ともしたことがなかった。

この類の人間心理や自分の人生に関する分析を、会って間もない相手から促されようとは思いも寄らなかった。

それは実に貴重な授業だった。決して忘れることのない授業だ。

バランスを取る秘訣が見つかろうとしているのだろうか？

そのとき、ふと子供のころに、父親がある格言を教えてくれたときの情景がよみがえった。

「大きな夢を見るのも、小さな夢を見るのも、かかるエネルギーは同じ。大きな成功を収めたいなら、大きな夢を持て！」

このような金言を授かっていながら、自分は何をしてきたのだろうか？

目に涙がにじんできた。父親の洞察に満ちた助言を生かしてこなかったことに気がついた。

「なんと、もったいないことを！」旅人は独り言を言った。

「時間をすっかり無駄にしてしまった！」

旅人の様子を見て、老人は慰めようと肩に手を置き、優しく元気づけるように一言だけ言った。

「あと一歩です……」

その励ましの言葉に、旅人は心を動かされた。

老人は、旅人の心中を察しているかのようだった……。

説明はできないが、何やら新しい力が体の中から湧き上がるのを旅人は感じた。

人生を夢見る力だろうか？

自分がワイヤーを端から端まで渡り切る姿を目に浮かべることができた。そして、その喜びも感じることができた。


日が暮れようとしていた。

もうしばらく山頂で過ごした後、二人は山を下り、宿に向かった。

帰り道、旅人はまだ思案していた。長い一日の中で学んだバランスの原則を、注意深く振り返った。その原則は絶対不可欠なものだった。

宿に戻って夕食を待つ間、その日の気づきをノートに書き留めた。

将来を展望する!

立ち直るためには、
正しい道を歩み、視点を変え、
何事も筋道立てて理解しなければならない

自分の足かせを外し、
満ち足りた生き方を学ぶ

大きな成果を達成するために、
大きな夢を持つ

2. バランスを生み出す

落下せずにワイヤーの上を歩く方法

楽屋に戻って

また一晩、深い眠りに落ちた。
翌朝、旅人は前日と同じように早く起床した。
だがこの日は、朝食を手早く済ませることにした。
ワイヤーを渡ることで頭がいっぱいだった。それは強迫観念になりつつあった。

その朝は、空が青く、空気は爽やかですがすがしかった。

旅人は、楽屋へまっすぐに向かった。

到着するや否や、ワイヤーを渡ろうと再三試みた。だが、うまくいかなかった。

それでも、音を上げずに挑戦し続けた。

前の晩、旅人は老人の書斎で、ある新聞記事の切り抜きを見つけた。無心になりたくて、老人に本を貸してほしいと頼むと、書斎にある自分の蔵書から好きに選んでいいと言ってくれたのだ。その蔵書は見事だった。文化と文学を幅広く網羅した珠玉のコレクションだ。

以来、その新聞記事のことが頭から離れなかった。

その記事は、説明できないほど、旅人の心の奥にある何かを刺激していた。だがそのときはまだ、老人の過去に関する、この驚くべき発見に気を取られ、それが何かわからなかった。

「杖も仕掛けもありません！」

これは、一人のほぼ無名のアマチュア綱渡り師にふさわしいスローガンだ。

この綱渡り師は昨日、技術的にきわめて難しいと専門家が認めた綱渡りを成功させた。

現在、このような離れ業ができる者はほとんどいない。

だが、私たちの関心を集めているのは、その快挙を成し遂げた本人の意外な人物像だ。

われらが若き綱渡り師は、非凡としか言いようがない！

彼は控えめな性格だが、実は懸命な努力を重ねて、大きな進歩を遂げてきたことがわかった。ここに至るまでの道のりは非常に長く険しく、いずれこのような偉業をやり遂げると予想させる要素は、かつては何もなかった。

彼は幼いころ、手足に障害を起こす疾患と診断され、二度と歩けなくなるおそれがあったという。

身近な人たちは、逆境こそが、彼の成長への強い意欲と障害克服への気概を生むきっかけになったと話す。

彼は今、再び歩き、空中での綱渡りをやってのけ、大衆の注目を集める類いまれな綱渡り師になった。

その偉業は、並外れて強靭な心身を作り上げた、たゆまぬ鍛錬のたまものだ。

もう一つ注目すべきは、英国の有名テレビシリーズのキャラクターの頭上に特徴的な光の輪があるように、若き綱渡り師はトレードマークの杖を手にしているということだ。何かのシンボルだろうか？　実はその杖は、祖父から譲り受けた命綱であり、彼の原点と、乗り越えてきた試練を忘れないようにするためのものらしい。

この話は、誰にでも希望を与える、優れた勇気の実例だ。

人間がどれだけ内に秘めた力を結集できるか、逆境をどれだけ心の持ちようで克服できるかを見事に証明するこの例を、よき手本にしてみてはどうだろうか。

賢い読者に余計な説明はいらないだろう……

記事を読み、このような人に出会えて、自分はなんて運がいいのだろうと旅人は思った。杖をついた老人は、バランスと精神力を体現していたのだ。

それに引き換え、今の自分は弱さとアンバランスの塊のようだった。

駄目押しするように、綱渡り師の「並外れて強靭な心身」に言及した記事の一節を思い出した。

その一節は、これまでまったく顧みなかった自分の健康状態に関する強烈なメッセージだ。それを今、彼は痛感していた。

バランスの悪い食習慣、不規則な睡眠、運動不足を長い間放置したばかりに、体力と活力がすっかり奪われていた。

ぐずぐずしてはいられない！

直ちに始めなければ。

今すぐに！

旅人は変わる必要があった。これは命に関わることであり、自分にもそれがわかっていた。もう後がないのだ。

この情けない状況を変えてみせる。精神力を高めるために、体を鍛えることから始めよう。これは個人的な挑戦だ。名誉に関わる問題と言っていい！

重力に好きなようにさせてたまるか。彼は自分にそう誓った。

過去と現在

力が湧いてきた旅人は、縄ばしごをつかみ、体を引き上げて、ワイヤーに乗った。

この時点では、特に重要なことはなかった。

だが、その先は、優先事項が明確だった。何があろうと、ワイヤーを渡り切るのだ！

ちょうどそのとき、杖をついた老人が遠くに現れた。

老人が到着したのがわかって、目玉を急に動かすと、旅人はバランスを失い、地面に落下した。

ひどい落ち方だった。

慌てて立ち上がると、旅人はとっさに、怒りといら立ちに任せて、手近な木の幹を蹴飛ばした。うっぷんを晴らすために。

「くそ、ちくしょう！」と彼は悪態をついた。

「それでもゴールにかなり近づいていますよ」と旅人に追いついた老人が言った。

「けがはありませんか？」

「いえ、けがはしていません――確かに、ゴールに近づいているかもしれませんが」と旅人は認めた。平静を保ってはいたが、落胆していた。

「何はともあれ、これもためになりますから」と老人は言った。

「それはあなたの考えでしょう！」と旅人は返した。

「実に前向きな捉え方をされますね」

「ええ。ほんの少し気が散るだけでも、ゴールにたどり着けず、落下することを教えるよい事例ですから。ただ、遠くから見ていましたが、実際、あなたは順調に進歩していますよ」

「そうですか。でも、落下したのは事実です！　それが一番肝心なことですから」と旅人はひどく深刻な表情で言った。


老人は一歩引いて考えた。

旅人の反応は意外なものだった。決意の表れとはいえ、やや過剰な反応に思われた。目に見えない事情が何かあるのだろうか？

「先ほどの落下に動揺しているのですか？」と老人は尋ねた。

「その通りです！　僕は本当に、最初から最後まできちんとやり通せるんでしょうか」と旅人は言った。

「それを不安に感じているのですか？」さっきの落下以外の問題が絡んでいるのを感じ取り、老人は尋ねた。

「ええ、そうです！　僕は何の取り柄もない子供でしたから、自分への不信感が拭えないんです。そういう感覚はいつまでも忘れないものです」

「お気をつけなさい」と老人は言った。

「過去に言われたことで、自分を無力に感じたかもしれません。でも、そんなものに自分の将来を決めさせるのはよくありません」

「もう少し具体的に説明してもらえませんか？」と旅人は頼んだ。

「わかりました」と老人は応じた。

「足かせのイメージを覚えていますか？」

「罪悪感の足かせのことですか？　もちろん、覚えています」と旅人はため息交じりに言った。

「実は、もう一つ足かせがあります。とても重要な、劣等感という足かせです。この足かせを引きずっていると、逃れたいと思っても過去に縛りつけられ、行動を起こせなくなります」

「なるほど」と旅人は言った。

「結局、僕たちは過去をずっと引きずってしまう、ということですか？」

「ええ、ある程度は。ですが、過去を引きずるべきではないのです。もし引きずっているなら、鉄球と自分をつなぐ鎖を断ち切るために、あらゆる手を尽くす必要があります。難しい場合もありますが、非常に大事なことです」

「単純化しすぎだと思うかもしれませんが」と老人は真剣な口調で続けた。

「過去は過去。言われたことは言われたこと。されたことはされたこと。それを変えるためにできることはありません」

「もちろん。わかり切ったことです！」

「あなたがそう言ってくださって嬉しいです。それを肝に銘じ、もう変えられないことではなく、まだ変えられること、つまり、今後にエネルギーを注いでください」と老人は言った。

「あなたの話を聞いていると、すべてがとても単純に思えてきます」

「物事は、私たちが思う以上に単純な場合が多いですから」と、老人は哲学的な言い方をした。

「では、その教えを生かすにはどうすればいいですか？」と旅人は質問した。

「今だけに完全に集中するのです。完全に！　過去に耳にしたことは、今、端から端までワイヤーを渡り切るあなたの能力と何の関係もありません！」老人はそう言い切った。

老人は真剣な表情だった。自分の言葉の重要性を強調するように、要点をもう一度繰り返した。

「過去に耳にしたことは、今、ワイヤーを渡り切るあなたの能力と何の関係もありませんよ！」

旅人はその言葉をかみしめているように見えた。そして、再び、ワイヤーへと向かった。

目標

「ちょっとお待ちなさい！」杖をついた老人が呼び止めた。

「何でしょう？」

「今のあなたの目標は何ですか？」と老人は尋ねた。

「ワイヤーの向こう端まで渡り切ることです」と旅人は答えた。

「先ほどの落下から何を学びましたか？」

「気を散らしてはならない、ということです……」

「なぜ気が散ってしまったと思いますか？」老人は質問した。

「たぶん、集中が足りなかったせいです。と、僕に言わせたかったんですよね？」

老人は声を上げて笑った。

「はっはっは！　お見通しでしたか！　では、何に対する集中が足りなかったと？」

「ワイヤーですか？」

「もっと具体的には?」老人はさらに問いかけた。

「ワイヤーの向こう端への集中が足りなかったかもしれませんね……?」と旅人は思いっきで言ってみた。

「私が思うに、ワイヤー上の歩き方への集中が十分ではありませんでしたね。それで、あなたの目標は何ですか?」老人は、さらに力を込めて質問を重ねた。

「言ったはずです。ワイヤーの向こう端まで渡り切ることが目標だと!」と旅人は答えた。

「それでも、落下を防げなかったことはわかっていますね?」

「ええ、だから?」

「ですから、ワイヤーの向こう端まで渡り切るという最終目標を達成するには、その中間にある各目標への集中を切らさないことが必要です。つまり、一歩一歩への集中です! 一歩一歩が目標なのです」と老人は言った。

「なるほど!」と、老人の論理の筋道に納得して、それを追いかけるように、旅人は力を込めて言った。

「ワイヤーの向こう端だけに意識を向けていなければ、一歩一歩にもっと集中できていたんですね」

「ということは？」

「ということは、あなたの到着に気を散らすことはなかったはずで……」と旅人は言った。

「続けて！」と、自分の生徒の進歩に喜びを感じながら、老人は促した。

「……そして、おそらく僕はまだワイヤーの上にいた！」

「その通り！」と老人は言った。

「一歩一歩、つまり一つ一つの目標への集中は、ストレスにさらされているときにはいっそう重要になります。一歩一歩があなたを前進させ、自信を培うのです。それで結論は？」

「成功するには、エネルギーと意識を重要なことに集中する必要がある。つまり、いつでも、踏み出そうとするその一歩に集中しなければならない」と旅人は答えた。

「そうです。一歩は次の一歩につながり、それがすべて積み重なって、ワイヤーを渡り切ることができるのです」と老人は言った。

「一歩一歩が、その瞬間の優先事項です。一歩を踏み出さなければ、前進しません。それどころか、落下して、それまでの歩みがすべて水の泡になりかねません」

「確かにその通りですね。僕もそろそろエネルギーの無駄遣いをやめて、重要なことに集中しなければ」

「意識していようといまいと、私たちは本質的で重要なことよりも、表面的でどうでもよいことに目を向けがちです。それは間違いです。より少ないことに丁寧に取り組むことで、よりよい成果が得られることは多々あります……」と老人は説明した。「つまり、バランスを取って、充実した人生を送る秘訣は、『Less is more（少ないほど、豊かである）』の精神の実践なのです」

この言葉の後、二人は別々の方向に向かった。
老人は近所に住む友人を訪ねる必要があった。
旅人はワイヤーの上に戻った。
そして、練習を重ねた……。

傷痕

しばらくして、老人は楽屋に戻ってきた。

旅人はまだそこにいた。幾度となくワイヤーを渡る挑戦を繰り返したことで、彼は徐々に綱渡り師になりつつあるように見えた。

二人は再び会話を始めた。

「いい練習ができましたか？」老人が旅人に尋ねた。

「だんだんワイヤーの感覚が身についてきました！」旅人は楽しそうに言った。

「それはよかった。バランスは伝染しますからね」

「まったくです」と旅人は応じた。

そのとき、突然、老人の表情が変わった。

旅人の喜びと熱意を目にして、老人は嬉しかった。

だが、まだ触れていない話題を持ち出す必要があると感じた。何事も細部が重要なのだ。

人生と同様、ワイヤーの上では、取るに足らないことは何もない！

興ざめな人間だと旅人の目に映るのを覚悟して、老人は切り出した。

「ここで、一つ注目していただきたいことがあるのですが」

「どんなことでしょう？」と旅人は尋ねた。

「感情をコントロールすることの大切さについては、すでにお話ししましたね？」と老人は問いかけた。

旅人は驚いた。

「ええ。でも、なぜ今その話を？」

「さっき、私の到着に気を取られて落下した後、ご自分が最初に見せた反応を覚えていますか？」

「いいえ、落下したことしか覚えていません」と旅人は答えた。

「落下した後は？」老人は尋ねた。

「えっと……腹を立てていました」

「その通り。それから？」老人はさらに追及した。

「それから、話をしました」

「ほかには覚えていませんか？」

「いいえ。何かありましたか？」旅人は困惑して尋ねた。

「ありましたとも。見てごらんなさい……」

老人は、旅人が木を蹴飛ばした跡を杖の先で指した。樹皮がひどく傷ついていた。

「これをどう思いますか？」

「僕の立場だったら、あなたも同じことをしたんじゃありませんか？」と旅人はむきになって言い返した。

「もしかしたら、そうかもしれません」と老人は言った。

「ですが、経験上、行動は必ず結果を伴うこと、常に自分の反応の仕方を意識するよう心がける必要があることはわかっていますからね」

「そうは言っても、僕らはロボットじゃありませんから！」と旅人は反論した。

「ロボットではないからこそ、こうしたニュアンスを意識できるのですよ」と老人は指摘した。「そう思いませんか？」

「でも、悪気はなかったんです！」と旅人は言い訳がましく言った。

「もちろん、そうでしょう。私はあなたに罪悪感を持たせようとしているわけではありません」と老人は心得顔で応じた。

「ただ、バランスは非常に微妙なものです。ですから、コントロールを失ったらどんな結果を招くかを、理解しておく必要があるのです」

老人は旅人を見つめ、少し間を置いて言った。

「この木には、はっきり跡がついています。癒えても癒えなくても、傷痕は残るでしょう。こういう間違いは誰でも犯します。せめて傷痕を残さないように気をつけませんか。木だけではなく、ほかのあらゆることに当てはまりますが……」

旅人はきまりが悪く、やや困惑して言葉を失った。

ふと、ずいぶん前の娘の誕生日会で、怒りに任せて口走った不用意な発言が頭に浮かんだ。その一言が命取りになってしまった！

それを口にしたとき、彼は怒りを吐き出してせいせいしていた。

木を蹴飛ばしたときと同じように。

だが、娘は深く傷ついた。そしてその痛みは、彼の予想よりはるかに長く続いた。娘の中で何かが閉ざされ、壊れたのかもしれない。たった一言がすべてを変えてしまったように思われた。

傷痕のように。

実はつい最近も、家族で食事をしていたとき、娘がその件を持ち出して、たちまち口論になった。

なぜ今、その情景が頭に浮かんだのだろう？

しかし、それは当然だった。

娘への失言とそれが招いたアンバランスが、いまだに——今日に至るまで——悪影響を及ぼしているのはなぜか、旅人はようやく気づいた。この気づきは旅人に強い衝撃を与えた。

杖をついた老人は、旅人が急に苦悩し始めたのを感じ取った。長い沈黙の後、老人は語りかけた。

「いいですか、傷痕を残すマイナスの仕組みは、プラスの仕組みと背中合わせになっています」

「どういうことですか？」と、旅人は話が見えずに尋ねた。

「考えてみてください。あなたの行動が、逆にプラスの印象を残した場合は、プラスの結果を生み出します。そして、バランスにも役立つのです……」

これはまさに、旅人が聞く必要のある言葉だった。

旅人は断りを入れて、少しの間その場を離れ、手ごろな切り株に注意深く腰を下ろした。そしてノートを取り出し、娘宛てにその晩差し出す手紙の下書きをした。

親愛なる娘へ

元気にしているかい?

今日、君のことをいろいろ考えて、昔、君の誕生日会で僕が言ってしまった不用意な一言を思い出したんだ。まるで昨日のことのように!

僕のどうしようもない無神経さのせいで、君をどれだけ苦しめたか、ようやく理解できた。僕はどうして、こんなにも愚かで、鈍感でいられたんだろうね?

この前、君がそのひどい言葉を持ち出した理由がわかったよ。それは今でも、僕の心の中につらく響いている。君を悲しませてしまったことを、どうか許してほしい。

僕は心の底から、君に許してほしいと思っている。改めて、あれはとても不適切な一言だった。まったく本心ではないことを口走ってしまったんだ。怒りでわれを忘れてしまって、本当に不適切だった。

また近いうちに、君に会って一緒に過ごせたら嬉しい。話したいことがたくさんあるから。

君は僕の最愛の娘だ。これからもずっと。それを忘れないでほしい。愛とキスを、君に。ではまた。返事を待っているよ。

君を愛する父より

旅人は心からほっとした。この手紙を書いたことは、大きな効果をもたらした。急に気持ちが軽くなるのを感じた。不適切な一言とそれがもたらした悪影響について思い悩む代わりに、将来のことや、娘にまた会えるという嬉しい期待に胸を膨らませることができた。

マイナスの流れをプラスに変えて、もう一つの心の重荷――足かせに続き、首かせ――を取り除いたのだ……。

旅人は老人のところへ戻り、その手紙を見せた。

旅人が個人的な手紙を進んで見せてくれたことに、そして、自分の生徒が短期間で目覚ましい進歩を遂げたことに、老人はいたく感動した。

この展開に、旅人の成功の種が隠されていると老人は考えた。旅人が心を開いているのは、きわめて明るい兆しだ。種を育てる肥沃な土壌がそこにあるのだから……。

しばらくして、老人はこう語りかけた。

「お嬢さんに手紙を書くと決めたあなたの判断は、バランスとアンバランスが繊細な永続的かつ直接的関係にあることをはっきりと示しています」

「そうですか」と旅人は応じた。

「それは意識していませんでした」

「その関係は一考に値します。これを見てください……」

杖をついた老人はポケットに手を伸ばし、ノートを取り出した。老人もノートを取っていたことに旅人は驚いた。その事実は旅人を不思議と落ち着かせた。

老人は、ノートに記された次の等式を旅人に見せた。

バランスがよく管理されている＝バランス
バランスがよく管理されていない＝アンバランス
アンバランスがよく管理されている＝バランス
アンバランスがよく管理されていない＝アンバランス

「正直言って、バランスをこんなふうに考えたことはありませんでした……」と旅人は言った。

「バランスは興味深いテーマです。これらの等式は、安心感を与えると同時に、警戒を促します。アンバランスが不変でない点は安心感を与える一方、バランスが不変でない点は警戒を促すのです」と老人は説明した。

「それでも、あなたを見ていると、バランスを明らかに保ち続けているのがわかります！」と旅人は大きな声を上げた。

「私でも誰でも、そんなことはあり得ません。大方の見方に反して、バランスは決して変化しないものではなく、いつでも崩れる可能性があります。ですから、動きと不断の適応が必要になるのです」

「どういう意味ですか？」何とか理解しようと、旅人は尋ねた。

「動きを止めると、つまり、思考が硬直して何も変えられないと思い込んでしまうと、アンバランスに陥る危険が高まります」

「職場で起きたことのように、ですか？」と旅人は尋ねた。関連づけずにはいられなかった。

「特にそうは考えませんでしたが、あなたの職場での状況は、ほかのあらゆる状況と何の違いもありません。宇宙全体が絶え間なく動いています。何事もその理《ことわり》から逃れられません。そのため、動きと不断の適応が必要なのです」

「ノートの等式に、バランスがよく管理されないとアンバランスにつながると書かれていました。それをどう解釈すればよいですか？」と旅人は尋ねた。

「解釈の方法はいくつかあります」と老人は答えた。

「たとえば、バランスを体現するような行動をとる人を観察していると想像してみてください。それによって、あなた自身の至らない点に気づかされているとします」

「はい」

「その優れたバランスの手本に刺激されて見習う（選択肢1）のではなく、拒絶して真逆のことをする（選択肢2）と決めた場合、バランスを崩すリスクを負うことになります」

「あなたの話を聞いていると、すべてがとても単純に思えますね……」と、旅人は知識が広がっていくのを感じながら言った。

「こうした原則は、私たちが望んだ通りに、単純にも複雑にもなり得るのです」。老人は、いつもの謎めいた口調で話を結んだ。

死と誕生

「お父様が亡くなられました。至急、自宅に電話をください」

宿の庭の中央にある噴水のそばで、旅人は身じろぎもせず座っていた。胸が張り裂けそうだった。

少し前にフロントで手渡された妻からのメッセージを、何度も読み返した。

父の突然の死に打ちのめされて、旅人は泣き崩れた。

最後に会ったとき、過去のけんかを蒸し返して仲直りせずに別れたため、父との関係はぎくしゃくしたままだった。それを思うと余計に涙があふれ、旅人は頭を抱えた。

娘の件と同様、和解は早いに越したことはないと、今の今まで、なぜ気づかなかったのか？　愛する人や一番大切な人が相手なら、なおさらのことだ。

だが同時に、以前の自分なら、そのことにずっと気づけなかったかもしれないと思った。

そういう見方をすれば、最初は完全にマイナスに見えた解雇も、プラスに捉えることができた。信じられない！　数時間前なら、絶対にこのような見方はしなかっただろう……。
驚くべきことが起きているのは明らかだった。

心がざわつく中、紙きれ一枚で父の死を知らされたことに、旅人は落胆していた。それは間違っている気がした。

だが、妻に腹を立てているわけではなかった。妻はわざわざ知らせてくれたのだ。きっと父の死に動転し、焦って行動したに違いない。それでも時期を見計らって、自分が感じたことを妻にそれとなく話すつもりだった。

折り返し電話をすると、妻は、一番上の兄が連絡をくれたこと、葬儀が近々執り行われることを彼に告げた。だが、それだけではなかった。ついさっき彼の妹が電話をよこし、初めての子供を出産したことを知らせてきたという。妹はこれまでに数度、流産していた。

どちらも大事だが、内容がまったく違う二つの知らせを立て続けに受け取り、旅人はすっかり動揺していた。妻とはまだ電話がつながっていたが、彼は宙を見つめ、孤独を感じながら、相反する感情と対峙していた。

車を運転できる状態ではないと思い、次の列車で自宅に帰ることにした。
そうすれば、葬儀に参列できるし、子供の誕生も祝うことができる。

妻に別れの挨拶をして、電話を切った。

旅人は、視線を地面に落としたまま、庭の中を行ったり来たりした。

喜びと悲しみを同時に感じることなどできるのだろうか？　今の状況では、この曖昧な感情と向き合うほかなかった。

悲しいのは間違いなかった。当然のことだ。父が死んだのだから。自分は父のことを愛していた。

だが、嬉しくもあった。それは確かだ。妹の幸せは自分にとって大事なことだった。

では、なぜ出産のニュースが、知らないうちに悲しみを薄れさせていると思えるのか？

なぜ父の死が、知らないうちに妹のために感じている喜びを薄れさせていると思えるのか？

悲しみと喜びがどちらとも奪われていくのをひしひしと感じた。そのジレンマのせいで、旅人は不安に陥り、ついには罪悪感にさいなまれた。

人生はどうして、こうも相反する状況を一度に作り出すのだろうか、と旅人は思った。今この瞬間、罪悪感にさいなまれずに、すべてを受け入れることなどできるはずがなかった。

それができないのは、葛藤と抑圧された感情にとらわれて、冷静な思考ができないのと同じだった。

それから間もなくして、フロントで事情を聞いた老人が旅人に会いにやってきた。老人は旅人に悔やみの言葉をかけ、この試練を乗り越える手助けをすると約束した。

短い会話の中で、旅人は妹の子供が誕生したことを知らせた。そして、答えを求めるように、今抱えている罪悪感とジレンマを打ち明けた。


老人は旅人を慰めた。

「自分が感じたことを、そのまま受け止めるのです。すべてが腑に落ちるはずもなく、すべてを分析する必要もありません」

「ええ。でも、悲しむべきなのか、喜ぶべきなのか、わからないんです」と旅人は訴えた。

「こういう状況では、複雑な感情を抱えて当たり前です」と老人は言った。

「人の死と誕生に同時に向き合っているのですから。この二つは矛盾しているとも言えます。信念体系によっては、人の死と誕生が同時に起こるのを縁起が悪いと考える人もいます。一方、縁起がよいものと捉える人もいるのです」

「では、この罪悪感を解消するには、どうしたらいいんでしょうか……」と旅人は尋ねた。

「毅然とした態度でお父様に寄り添い、母親になった妹さんと喜びを分かち合うのです。そうすれば、いるべき場所で、するべきことをしていると実感できます。それが一番大事なことです」

老人の励ましに、旅人は感謝した。

宿を発つ前、旅人は老人に、綱渡りの練習を続けるためにすぐに戻ってきたいと告げた。ここでやめるわけにはいかない。最近の出来事がそれを確かに証明していた。老人の指導を受けながら、自分を磨く努力を続けるつもりだった。

だが、もう少し待たなければならない。当然、今の優先事項は、父に寄り添って見送ることであり、妹に寄り添って新しい命の誕生を祝うことだった。彼は老人の言葉からそのメッセージを受け取っていた。

老人は、車を宿に残しておくよう旅人に勧め、駅まで送ると申し出た。

それから間もなくして、旅人は列車に乗り込んだ。

帽子

数日後。

「お話ししたいことが山ほどあります」。杖をついた老人に宿に戻ることを電話で伝えたとき、旅人はそう言った。

列車の中で、旅人は、解雇されてからの人生の急展開についてずっと考えていた。すでに多くの変化が起きていたし、ここ数日も例外ではなかった。

実際のところ、本当に変わったことは何だろうかと思案した。そして、変わっているのは、ほかならぬ自分自身だと気づいた。結局のところ、人生は素晴らしい。自分でそう決めた場合は、特にそうだ。

二人は予定通り、駅で落ち合った。

知り合って数日しかたたないのに、旧知の仲のような気がした。友情を感じ、深く心を通わせているせいだろうか。

「旅はいかがでしたか？」と老人は尋ねた。

「いい旅でした。またここでお会いできて嬉しいです」と旅人は熱を込めて言った。

旅人は宿に着くまで待ちきれずに、車の中で早速ここ数日間の出来事を話し始めた。

まず、父に長い手紙を書き、棺にそっと納めたことを話した。もっと早く書くべきだったが、それによってなぜか父を身近に感じ、その感覚に慰められたと旅人は語った。

次に彼は、妻と共に時間を過ごし、話を聞き、妻を理解しようと心がけたと話した。夫婦関係が瞬く間に改善したことも伝えた。

また、娘との関係がバランスを取り戻したことについて話した。宿から送った手紙にどれほど感動したかを娘が語ってくれたことや、失った時間を取り戻すかのように、特別なひとときを一緒に過ごしたことを旅人は報告した。

最後に、赤ん坊の最初の数日間と初めての笑顔を撮影した動画を作り、それが大きな慰めになったと旅人は語った。

「出発前にかけてくださった励ましの言葉に感謝します」と旅人は言った。

「あなたの言葉に促されて、ここ数日ずっと、自分の心の声に耳を傾けてきました。おかげさまで、かなり気持ちが楽になりました」

「私の助言を聞いてくださってありがとうございます」

宿に到着すると、旅人は家から持ってきたかばんを開けた。中から美しい箱を取り出し、老人に手渡した。

「どうぞ」。旅人はそれだけ言った。

「なぜ、私にこのようなものを？」少し恥ずかしそうに老人は尋ねた。

「開けてみてください。気に入ってくださるといいんですが」と旅人は促した。

老人は箱を開け、上等な帽子を取り出した。

「見事な帽子ですね！　本当にこれを私に？」老人は尋ねた。

「はい。ぜひ受け取ってください」と旅人は答えた。

「先日、街へ出たときに、たまたま有名な帽子メーカーのブティックの前を通りかかったんです。ウィンドウに飾られていたこの帽子を見て、あなたにぴったりだと思いました」

「お気持ちに感謝します。私の理解が正しければ、私に二つ目の帽子、つまり二つ目の仕事（hat）を与えようとお決めになったのですね」と老人は言った。

二人は軽い冗談を交わし合って、楽しそうにおしゃべりを続けた。お互いに話が尽きなかった。

その後、老人は仕事に取り掛かった。旅人は、すっかりお気に入りになった田舎道の長い散歩に出掛けた。

時間

同じ日、旅人が散歩から戻ると、杖をついた老人が遠くにいるのが見えて足を止めた。老人はじょうろを持って庭の裏手へ向かっていた。

太陽の光を背にした老人を遠目に見て、最初、自分の父親と見間違えた。落ち着いた歩き方がその印象を強くしていた。

自分の目の錯覚に動揺し、彼は思わず視線をそらした。

旅人は、また歩き始めた。最初はどこへ行くという当てもなかったが、ふと宿の裏手にある小高い丘が気になって、そちらへ向かった。

動揺はしたが、その錯覚によって、父をもっと身近に感じたくなった。

丘の頂まで登ると、旅人は数個の石と木片で注意深く小さな祠《ほこら》を組み立てて、その前で長い時間黙想した。

そして、彼の存在の一部はこの場所と深くつながるようになった。

次第に安らかな感覚が旅人を満たした。

父がそこに永遠に横たわっているのを想像し、父を探すかのように空を見上げた。そして、父をまねるように地面に身を横たえ、心をさまよわせた。

愛する人たちと過ごした、幼いころからの人生のさまざまな場面が目に浮かんだ。

こんなにかけがえのない時間を生きてこられて、なんと幸運で恵まれていたのだろうと、懐かしい思いが込みあげてきた。結局、その時々のよし悪しはどうでもよかった。今自分を幸せにしていること自体が、これまで過ごしてきた時間の本質だった。つまり大事なのは、今生きているという事実。父がすでに失ってしまったものだ。

これから先、一瞬一瞬をかけがえのないものと考えることを、旅人は自分に誓った。

子供のころ、自分には明るい未来が待っていて、両親はずっとそこにいるものと思っていた。明らかに、子供じみた夢だ。もちろん、幻想にすぎない。

時間が少しずつ加速しているのを感じ始めたのは大人になってからだ。両親も確かそんな話をしていた。実際、年を重ねれば重ねるほど、時間はどんどん加速していくように思えた。時間が自分をすり抜けていく感覚もあった。父を亡くした今、余計そう感じられるのかもしれなかった。

時間というのは確かに奇妙な概念だと思った。

時間の加速を食い止めるかのように、旅人はじっと地面に横たわり続けた。時間に屈することを拒んでいるようでもあった。

突然、頭上を飛んでいた鳥が鳴き、旅人は、はっとわれに返った。

上体を起こすと同時に、杖をついた老人がいることに気がついた。老人は彼のほうを向いていたが、かなり離れたところで、背筋を伸ばして黙って立っていた。

老人が近づいてきて、旅人に声をかけた。

「先ほど、丘を登って行かれるのを見かけましたが、お邪魔かと思って声をかけませんでした。自然の美しさを味わいながら、思索にふけっているように見えましたが」

「あの美しさに無関心ではいられません」と旅人は言った。

「目を閉じて、人生の本質をつかもうとしていたんです。過去と未来は、本質的な実体を持たないように思えました」

「その通りです」と老人は応じた。

「実体があって、心血を注ぐ価値があるのは、『今ここ』だけです。それ以外はとりとめのない想像にすぎません」

「今ここと言えば……」老人はユーモアを交えてこう続けた。

「夕食を作りました。ご一緒にいかがですか？」

旅人はほほ笑んだ。

「喜んで。ではお先にどうぞ」

二人は一緒に宿まで戻った。

その晩、旅人は、老人と楽しく夕食を取った。その後、眠りにつく前に、ノートにいくつか言葉を書き留めた。


「今ここ」を精一杯生きる！

バランスを生み出すには、
自分の未来を過去に決めさせてはならない
重要なことに全力を注がなければならない

物事に取り組むときは、
長期的目標とバランスを念頭に置く

ただし、必ず今この瞬間に集中する
そして、その価値を十分に理解する

悪天候

悪天候の夜が明けた朝早く、二人は宿の前に立ち尽くしていた。

激しい嵐が猛威を振るって、大木を根こそぎにし、倒木が地面に散乱していた。

杖をついた老人は、やむを得ないといった表情で辺りを見回し、この宿で暮らし始めてから一度も経験したことがないほど大きな被害だと語った。

嵐の猛威。

地面に散乱した倒木の被害。

それは、自然がきわめて力強く、同時に、きわめて脆弱であることを再認識させた。

老人は、被害の状況を一緒に見回ってほしいと旅人に依頼した。嵐が残した爪痕はすさまじく、二人は一日がかりで応急処置にあたった。

作業を始めてかなり時間がたったころ、旅人は休憩して疲れを癒やす必要があると感じ、湖への散歩を提案した。老人も賛成した。

この不思議な興味深い老人をもっとよく知る機会になるかもしれない、と旅人は思った。

そうして、二人は散歩に出掛けた。

自信

二人はしばらく黙ったまま歩いていたが、やがて旅人が口を開いた。

「あなたを見ていると、自然と共生する人の力強さを感じます」

「褒めてくださってありがとうございます。ですが、誰にでも強みがあり、誰にでも弱みがあります」と、老人は実感と現実を交えて答えた。

「お会いしてすぐに、あなたの強さを感じました」と旅人は大きな声で言った。

「僕は、自分のことはわかっているつもりでした。でも最近、自分が違う誰かのように、まるで別人に思えてきたんです。確かに弱みはありますが、それに勝る新たな強みを見つけた気がします」

「その通りです。あなたはすでに相当進歩していますし、そのスピードも速いですから」

と老人は言った。

「ありがたい言葉です。あなたに言われると、余計心に染みます」と旅人は言った。

「あなたの自信をぜひ見習いたいんです」

「いいですか、どんなに強くても、自信には限界があるものですよ」と老人は戒めた。

「確かに。でも、たとえ限界があっても、自信はないよりあったほうがいいとは思いませんか？」と旅人は尋ねた。

「もちろんそうです。でも、自信があるばかりに、身の回りで起きていることに無頓着になったり、気づけなかったりすることもありますから、注意しなければいけません」

そして、老人は遠くを見つめ、湖を指さした。


湖に着くと、二人は湖のほとりに倒れていた木に腰かけた。

旅人は、老人の言ったことをじっと考えた。そしてこう尋ねた。

「自信があるばかりに、身の回りで起きていることに気づけないことがあるとおっしゃったとき、具体的に何か思い出していたのですか？」

「察しがいいですね」と老人は言った。

「大昔の話ですが、私自身が自信過剰だったのです」

老人がようやく手がかりとなる頼みの綱を投げてくれたと旅人は感じた。思えば、綱渡り師にとって、それはごく自然なことだった。

旅人はますます老人を美化し、弱みなどないと思うようになっていた。

旅人の顔つきから、もっと詳しく知りたがっていることが老人にはわかった。

老人は、旅人に打ち明けることをすんなりと受け入れた——バランスのために。それに、教訓にもなるだろう、と。

「自信過剰に陥ったのは」と老人は告白を始めた。

「仕事に没頭していたころのことです。休日にも仕事のことを考え、仕事の話ばかりしていました……。完全に仕事中心の生活で、出世も果たしました。人生は順風満帆、状況を完全にコントロールしていると思い込んでいました」

「そうではなかったんですか？」老人の意外な告白に引き込まれながら、旅人は尋ねた。

「その後、まったく思い違いをしていたことに気づきました。自分一人で気づいたわけではありません。妻が気づかせてくれたのです」

「奥様は何とおっしゃったんですか？」と旅人は尋ねた。

「気づかせてくれたのは、妻が言ったことではなく、妻の身に起きたことでした。私は錯覚に陥っていたのです。自分の人生は大成功だと信じて疑いませんでした。一番身近で大切な人が、ひどい苦しみを味わっていたとも知らずに」

「何があったんですか？」旅人は聞いた。

「残念ながら、妻は重い病気にかかっていました。妻の病状が悪化していることに、私は気づかなかった。しょっちゅう家を空けていましたし、家にいるときでも、いないも同然でしたから……。ほんの数週間で、病気は私から妻を奪いました。いずれにしろ手遅れで、私は何もしてやれなかった。一番悔やまれるのは、妻の死を遠く離れた外国の地で知ったことです」

「それは本当にお気の毒でした」と旅人は動揺しながら言った。

老人は押し黙って、悲しみに沈んでいるようだった。

結局、旅人は期待していたよりもはるかに多くのことを知ることとなった。

老人のことをもっと知りたいあまり、私生活の公にしたくない部分まで明かすことを無理強いしたのではないか？　その結果、老人にとって不快なアンバランスを生み出してしまったのではないか。

老人が偽りのない感情をさらしたことで、旅人は微妙な立場に置かれた。

しかし、老人は、旅人に打ち明ける責任を果たそうとするように、深呼吸をして続けた。

「こう言って差し支えなければ、私が犯した過ちを繰り返さないでほしいのです。用心してください。人生は不意をついてきますから」

「不意打ちを避ける秘訣はありますか？」

「秘訣があるとすれば、まず、あなたが惜しみなく無条件に愛情を注ぐと決断した相手を愛することです。そして何より、その相手に寄り添うことです。相手が必要とする方法で寄り添うのです。その方法は相手によって異なりますが。そうすれば、バランスが取れて、一番大事なことを見失わずに済みます……」

「愛情を注ぐと『決断した』相手とおっしゃいますが！」と旅人は困惑したように大声を上げた。「僕は、すべての人を分け隔てなく愛するようにと、いつも教えられてきました。そもそも合理的な行為である『決断』が、愛とどうつながるのかがわかりません」

「ええ。あなたのおっしゃることは、ある意味正しい」と老人は答えた。

「確かに、愛情を注ぐと決断しなければならないというのはおかしいですね。それに、そもそも綱渡り師の信条は、分け隔てなく人を愛することです」

「はい」

「しかし、それと同時に」と老人は続けた。

「以前話したように、通常は特別な関係にある相手、たとえば、連れ合いへの愛情は、寄り添って、思いやることで育まれる必要があります」

「はい、その違いはわかります」

「寄り添うにも、当然さまざまな形があります。好むと好まざるとにかかわらず、すべての人に何もかもしてあげることはできません。つまり、誰にでも絶えず同じように寄り添うことはできないのです」と老人は説明した。

それは、認めざるを得ない事実だった。確かに、大きな意味での人類愛――彼が教えられ、信じてきた道徳原則――と、夫婦関係や親子関係に見られる愛の間には、微妙な違いがある。

長い沈黙が続いた。やがて、杖をついた老人は続けた。

「それを理解すれば、バランスの真理は明白かもしれません。ですが、それを理解して吸収するのに、私は時間がかかりました。残念ながら遅すぎた。そのために、妻や私自身、そして周囲の人々に対して、深刻なアンバランスを生み出しました。この話をするのは、あなたに同じ結論に至るまでの時間を無駄にしてほしくないからです」

「このバランスの原則にもっと早く気づけたはずだと思いますか？」と旅人は尋ねた。

「今になって思えば、そうでしょうね。いろんなサインが、特に友人の一人から発せられていました。問題は、私の理解が追いつかなかったことです。しかもなお悪いことに、私はそのサインを無視していました。分別がなかったか、高慢すぎたことが原因です」

旅人は、この告白にどう反応すればよいのか悩んだ。これは老人からの貴重な贈り物であり、信頼の証だと思った。

だが同時に、妻の死に打ちのめされたに違いない老人のことを、心から気の毒に思った。たぶん老人はまだ苦しんでいる。その傷は癒えることはないだろう。それでも、その瞬間のことを深く理解しようと、自分の過ちをいつまでも振り返るに違いない。それがもう一つの傷を残していることは間違いなかった。

水

老人はかがみ込んで、手のひらで湖の水をすくい上げた。

「この水が見えますか？」老人は尋ねた。

「ええ、もちろん」と旅人は答えた。

「さっき説明したことと水の性質には、類似性があります」

「よくわからないのですが」と旅人は眉根を寄せて言った。

「信じられないかもしれませんが、私は、今お話しした友人と仲たがいしたのです。幸せになる秘訣を教えてくれていたにもかかわらず。誰もが犯しがちな過ちです。実際、彼の助言を拒絶することで、自分の幸せまで拒絶していたことに、私は気づきませんでした。時間がたつにつれて、ますます拒絶するようになっていったのです……」

「でも、それが水とどう関係するんですか？」老人が言わんとすることが理解できず、旅人は尋ねた。

「そのずっと後、友人が仲たがいの原因を私に理解させてくれたときに使った例えです。説明しましょう」

旅人は、じっと耳を傾けた。

「水は、しなやかさと順応性を象徴する自然界の構成要素の最たるものです。近くにある滝のように、水は非常に強い力を持ち得ます。でももっと重要なのは、水が抵抗することなく、いかようにも形を変えて、さまざまな動きで流れるということです。決して抗わず、常に一番望ましい出口を見いだすのです」

「ご友人の話に耳を傾け、発せられたサインを拒絶せず、それに注意を払っていれば、よりよい打開策が見つけられたということですか？」

「その通りです」と老人は言って、急に地面を見つめた。

「私が水のように、もっとしなやかで柔軟だったら、もっと早く状況に順応し、対応できていたでしょう。友人の助言に一言一句従うべきだったというわけではありませんが、そこからヒントを得て改善するくらいの賢さは持つべきでした。友人の助言と自分の反省を生かせれば、その後の展開は大きく変わっていたかもしれません……」

旅人はこの分析を聞きながら、違う行動をとっていれば妻を救えたかもしれない、と老人が心の底で考えているのだと察した。

水のように……旅人は考え込んだ。

夜のとばりがおり始めた。

宿からの距離を考えて、戻るのは明日にしようと老人が提案した。老人が所有する山小屋が楽屋からワイヤー数本分のところにあり、二人はそこに泊まることにした。

火

旅人は枯れ枝を両手いっぱいに抱えて戻り、山小屋のそばへ降ろした。

老人は、夜間の綱渡りの練習用に、たき火をする場所をすでに作っていた。その場所に火災の危険がないことは確認済みだった。

会話をしながら、二人は絆を深め、互いへの敬意を育んでいった。

杖を脇に置いて火のそばに座っていた老人が、こう質問した。

「私たちは偶然に出会ったと思いますか？」

旅人は、ほほ笑みながら言った。

「正直なところ、同じ質問を自分に問いかけていました。偶然がこれほどぴったりとはまる経験は初めてです。最初にお会いしたとき、僕は解雇されたことがショックで、ただぼ

うぜんとしていました。あのときは、何も受け入れられなかった。でも今は、物事は見かけ通りとは限らないとわかります」

「その通りです」

「一つ学んだのは、物事を判断する前に、一歩引くべきだということです。僕は、ちょっとしたパラドックスを経験しているようです。失業はしたけれど、あなたに会えてはるかに多くを得ましたから」

「まさにパラドックスです」と老人は言った。

「パラドックスは、バランスの法則の本質です。落下したときに最も成長するというのは、ある意味矛盾しています。ですが、少なくとも落下を理解できれば、それは紛れもない真実です。本当に大事なのは、私たちの身に起きることではなく、それにどう対応するかなのです」

「よくわかりました。ではどうすれば、今直面している試練を、バランスを取ることに絶対確実に生かせますか？」と旅人は尋ねた。

「こうした状況で、絶対確実などありません」と老人は説明した。

「私の人生で最もつらい出来事の一つをあなたに話したのは、それに気づいてもらうためです。誰もがバランスとアンバランスの状態を行ったり来たりします。それぞれの状態にうまく対処するには、次の姿勢を身につけなければいけません。

・変化を歓迎する
・変化に伴う不安、痛み、不確実性と向き合う
・自問する

こうして歩みを進めるとき、私たちの課題は、もはや絶対確実なところへ行き着くことではなく、順応することです。根本的に異なるアプローチなのです。私はこれを一つの心のあり方として、『綱渡り師の流儀』と呼んでいます」

会話の後、二人はあり合わせの材料で夕食をこしらえた。

至って簡単な料理だったが、旅人にはとてもおいしく感じられた。

食事を終えると、老人は山小屋へ行き、楽器を手に戻ってきた。老人はしばらく演奏し、旅人は熱心に耳を傾けた。

心地よいひとときを過ごしていると、旅人の脳裏にふと子供のころの楽しい情景がよみがえった。家族の集まりで、祖父がよく音楽を演奏してくれたときの場面だ。感情を揺さ

ぶられる思い出だった。
その後、まだちらちらと光る火明かりのそばで、旅人はノートを取り出した。就寝前にメモを書き留めるのが、今では習慣になっていた。彼は次のように書いた。

心を開き、バランスを身につける！

自信を養う
ただし、自信のせいで
本当に大事なことが見えなくなってはいけない

誰かを愛する決断をしたら、
惜しみなく無条件に愛すること
愛する人が必要とする方法で、

そばに寄り添うこと

水のようにしなやかに
あらゆる状況に
常に順応すること

不安

ワイヤーの半分まで来たところで、旅人の足が震え始めた。

昨晩はよく眠ったが、睡眠時間は長くなかった。

少し前に、彼は山小屋を出て、今にも消えそうな燃えさしで飲み物を温めた。

老人は山小屋のそばの小さな作業場でせっせと働いていた。

ワイヤーの向こう端にたどり着く高揚感と、落下するのではないかという不安とのはざまで、旅人は葛藤した。そして、立ち止まった。


「落下の不安は、身をすくませるような感情です。

うまく渡り切ることへの不安も同じです。

綱渡り師は、両方の不安への対処法を身につけなければなりません」

会話の中で老人が語った言葉が、心に響いていた。

そこに長く立ち止まっていられないことはわかっていた。

それでもなお、ワイヤーの上で立ち往生してしまうのはなぜだろうか？


別の疑問が浮かんだ。

自分は本当にワイヤーを渡りたいのか？　そこから何を得ることを期待しているのか？

そもそも自分にできるのか？

これを達成して何になるのか？

ほかにも、答えが見つからない新たな疑問が次々と浮かんできた。

これらを自問する必要が本当にあるのか？　よりによってこんなときに！　考えすぎなのだろうか？

自分が進歩しているようにも、後退しているようにも感じた。

一体何が起きているのだろうか？

自問すればするほど、身動きがとれなくなる。旅人の中で、何かがブロックされていた。

ブロックされていたのは体と心だ。だが、果たしてそれだけだろうか？

「誰もが遅かれ早かれこの段階を通るのです」。聞き慣れた声が、大きくとどろいた。

ワイヤー上でかろうじてバランスを保っていた旅人は、振り返るべきか悩んだ。

だが、振り返らなかった。一歩。

ワイヤーへの集中を切らさなかった。二歩。

旅人は進歩していた。

やる気を取り戻した彼は、挑戦を再開し、ワイヤー上でさっと一歩を踏み出した。

それからもう一歩、体重をやや余分にかけて——おそらくかけすぎて——踏み出した。

ワイヤーの揺れはほとんど感じられなかった。さらにもう一歩を踏み出して、足を下ろした瞬間、旅人はバランスを崩して落下した。

彼はせわしなく腕を上げ、身振りでこう言った。

どうすればいいんだ！

本当の理由

「くっ……！　正しいやり方をしても、うまくいかないなんて」と旅人は不満をこぼした。

「でも、集中力は素晴らしかったですよ」と老人は言った。

「気を散らさなかったことには脱帽です。進歩しましたね」

「確かにそうですけど、悔しいです！　今言ったことと矛盾しますが、やり方が正しくなかった可能性はありますか？」

「あなた自身、何か心当たりは？」老人は問い返した。

「言い訳をするようですが、朝露でワイヤーが滑りやすくなっていました」と旅人は訴えた。

「本当に？」と老人は顔をしかめて尋ねた。

「どういう意味です？」

「あなたのコメントを聞いて、古いことわざを思い出しました。『落馬する者は、下りるつもりだったとロバに言う』」。見習い綱渡り師をもう少し追い込んでも大丈夫だろうと考えて、老人は言った。多少のユーモアも必要だ。

「つまり、僕には馬の背は高すぎたんですね！」と旅人は大声で言った。この反応に老人は顔をほころばせた。

「とはいえ、とても悔しいです。一歩進んでは二歩下がっているようで」

「二歩進んでは一歩下がっているのだと思いますよ」と、老人は淡々と楽観的に言った。

「どちらにせよ、さほど進歩していません」。旅人はやや落胆して言った。

「一歩進んで二歩下がっても、二歩進んで一歩下がっても、結局たいした違いにはなりませんから」

「そんなことを考えているのですか？　雲泥の違いですよ！」と老人は強い口調で返した。

「二歩進んで一歩下がれば、後ろへ下がる分の2倍前に進むわけですから。いかに偉大な数学者でも、その点に異論はないはずです！」

「ええ、異論はありません」と旅人は認めた。

「一歩下がったときに、ワイヤーのさらに先まで進む次の一歩に備えるのです」と老人は言った。

「もう少し詳しく説明してくださいますか？」

「私が言いたいのは、一歩下がれば、視野が広がるということです。距離を置くことで、分析、回復、そしてエネルギー補給ができます。より順調な再スタートを切るために必要なことばかりです」

「つまり、小休止ですか」と旅人は思い切って言った。

「その通り。立ち止まって一歩引く時間です」と老人は答えた。

「同じペースをいつまでも保ち続けることはできません。それでは疲れ果ててしまいます。小休止は欠かせません。楽曲と同じです！

前に言ったように、逆境に立ち向かうことが、最大のブレークスルーにつながります。どんなことが身に降りかかろうとも、適切に対応すれば飛躍できるのです。では、落下した後に、どのような質問を自分に問いかけるべきだと思いますか？」

「ワイヤーにどうやって戻ればよいか、ですか？」旅人は憶測で答えた。

「いいえ」と老人は首を横に振った。

「それは問題ではありません」

「なぜ落下したのか、ですか？」旅人は別の憶測を口にした。

「その通り！　落下を避けたければ、そもそもなぜ落下したのかを理解する必要があります。ワイヤー上で同じことを繰り返せば、同じ結果が待っています。落下し続けるだけです」

「だとすれば、僕のアプローチに問題があるんですね？」と旅人は尋ねた。

「私が思うに、問題は心のあり方と、あなたのアプローチを支える戦略です。いかなる手順も省かないことと、ワイヤーを渡り切るための自らの戦略の長所と短所を知ることが重要です。再び落下するのを避けるには、なぜ落下したのか、何を調整すべきかを把握しなければなりません」

「なるほど」と言って、旅人は考え込んだ。

「あなたが主張したように、ワイヤーが滑りやすかったとしましょうか。どうすればそれを解決できますか？」老人はからかい半分に質問した。

「ええっと、実際は、そんなに滑りやすくなかったかも……」と旅人は白状した。

「正直でよろしい。自分自身に正直になれば、次のレベルに到達します。ワイヤーが落下の原因でないとわかれば、ワイヤーのことを気にせずに済みますから。では、実際なぜ落下したのかを突き止めてみましょうか」

「熱が入るあまり、進み方が少し速すぎたのかもしれません」と旅人は言った。

「確かに進み方が少し速すぎたのかもしれませんが、あなたはどうやら、スピードと急ぐことをごっちゃにしているようですね」と老人は指摘した。

「僕もそれを自覚し始めたところです……」と旅人は認めた。

「まだ続きがあります。急いでいると自覚していれば、落下しなかったかもしれません。むしろ、ワイヤーが揺れてバランスが崩れ始めたことに気づいたでしょう。それを考慮した上で、次の一歩を調整し、自分を支える基盤を安定させることができたはずです。そうすれば、今回最後までたどり着けていたかもしれません」

旅人は老人の言葉をかみしめていた。一歩一歩がいかに大切かを理解できた。理論から始まった話がきわめて具体的になり、理解がさらに深まっていた。

旅人は深呼吸をした。

多くのことが明確になり、腑に落ちてきた。

そのとき老人が、もう行かなければならないと言った。

だが、その場を離れる前に、革の切れ端を旅人に手渡した。老人は自分の練習中、ワイヤー上でパフォーマンスの進捗を測るためにそれを使っていた。

老人は使い方を伝授し、旅人は早速試すことにした。

コンディションを整える

時刻は早朝。朝霧が秘密のベールで楽屋を包んでいた。神秘的だった。

革の切れ端を手にした旅人は、早くワイヤーで練習を始めたくてうずうずしていた。

しかし、はやる気持ちを抑え、思い直して、自分の行動の選択肢を検討した。

目標は、その日のうちにワイヤーを最後まで渡り切ることだ。

ワイヤーに直行する代わりに、旅人は湖に向かった。

歩くスピードを徐々に上げていき、ジョギングまで加速した。

ウォーミングアップと心の準備をする必要があると感じたからだ。

スピードが一定になるころには、頭がすっきりして、集中力を維持できるようになった。

さまざまなイメージ――「Yes, we cane!（訳注：caneは杖）」という見出しの記事から、ワイヤーに乗っている自分の写真まで――が頭に浮かんだ。ワイヤーの向こう端まで渡り切る自分の姿を思い描くことができた。

いつの間にか、旅人は湖の周りを一周していた。ジョギングの仕上げに、楽屋まで全力疾走した。息は切れたが、気分は爽快だった。

旅人は、ワイヤーを張った一方の木に近づき、そのエネルギーを吸収するかのように手のひらを当てた。

それから、何か生き物を探すようにワイヤーを入念に調べて、しっかりと手でつかんだ。ワイヤーと旅人との間に、一種の絆のような関係が築かれていた。

ワイヤーに沿って手を滑らせながら、自分が渡っている様子を思い浮かべた。すでにワイヤーを渡り切ったかのようだった。少なくともそういう気分だった。

無意識にイメージを視覚化しようとしていた。それが旅人に自信を与えた。

老人がしていたように、はしごを登る前に、木のてっぺんを見上げた。しばらくの間、彼はそのまま動かなかった。

準備が整ったと感じたとき、旅人はワイヤーに乗った。

バランス

旅人は、自分の進歩を革の切れ端で測りながら、繰り返しワイヤーを渡ろうと試みた。

時間が飛ぶように過ぎていった。気がついたときには、驚くほど時間がたっていた。

汗だくになりながら、旅人はついに、ワイヤーを端から端まで渡った。

一度も落下せずに最後まで渡り切ったのは初めてだった！

興奮して舞い上がり、膝を曲げて喜びいっぱいにワイヤーから飛び降りた。

初めて両足で着地した。嬉しさのあまり、ワイヤーをつかんでキスをした。

一方の木に駆け寄って、文字通り自分を支えてくれたことへの感謝のハグをしようとした瞬間、木の根っこにつまずいて転んでしまった。

彼は、晴れやかな気分で地面に横たわった。

その皮肉な状況が、たまらなくおかしかった。

なんというパラドックス！　神業だと思っていたことをついに空中でやり遂げた直後、地面に大の字で倒れているとは！
これも、バランスのパラドックスの一つなのだろうか？
人生のパラドックスのようだ。
バランスにはどうやら、面白い一面があるらしい！

シグナル

旅人は再び起き上がり、足元により意識を向けながら、かばんに手を伸ばして携帯電話を取り出した。こんな辺鄙《へんぴ》な場所でも電波が届くのかを確認した。たまたま運よく、かすかな電波を捉えた。

いち早く老人と喜びを分かち合いたくて、旅人は宿に電話をかけた。

「やりましたよ！」と旅人は叫んだ。

「素晴らしい！　そんな予感がしていました！」と老人は熱を込めて言った。

「詳しい話をお聞きするのが待ち遠しいです！」

今、宿に向かっている途中で、昼前には着くと旅人は老人に伝えた。老人は彼の帰りを楽しみに待った。

帰り道はとても短く感じられた。宿に来てほどなくして、初めてこの道を逆方向に重い足取りで歩いたときよりも、はるかに短い気がした。

喜びを爆発させ、声高らかに歌いながら、ごきげんにスキップした。

「気持ちいい！　ラーラーラーラララー……

最高！　最高！……」

旅人は有頂天だった。このニュースを愛する人たちにも伝えたかった。

まず、回り道をして丘の上まで行き、父を追悼して建てた祠の前でしばらく黙想した。綱渡りの成功という初めての供物を、父は天国で喜んでくれるだろう。


「ラッキー・スター・イン」――その宿にふさわしい名前だと旅人は思った――に戻ると、杖をついた老人が噴水のそばに立っていた。

老人は、旅人の肩を親しみを込めてしっかりとつかみ、温かく祝福した。

「ブラジルの友人風に言いましょう。パラベンス・パラ・ヴォッセー！」

「何ですって？」旅人はポルトガル語がまったくわからなかった。

「おめでとうございます！」と老人は訳して言い直した。

それ以上促す必要もなく、旅人は自分のパフォーマンスの様子を詳しく語り始めた。木の根っこにつまずいた話も披露した。老人は思わず笑ってしまった。この話は一つのエピソードにすぎないのだろうか？

旅人は革の切れ端を老人に返そうとしたが、老人はそれを押し戻し、初めてワイヤーを渡り切った記念に取っておくようにと言った。

老人はオフィスに旅人を招き、ワイヤーとバランスの法則についてじっくりと話し合った。

しばらくして、老人の机の上にある、額に入った手書きの手紙に旅人が目を留めた。

旅人が熱心に手紙をのぞき込んでいるのを見て、老人はその内容を教えることにした。自慢ではなく、差出人の鋭いバランス感覚を見せるために。

老人は、旅人の気が済むように、昼食前にその手紙を読むよう促した。

前　略

あなたの住所がようやくわかり、大変嬉しく安堵しています。

感謝の気持ちを、どうしても書面でお伝えしたかったのです。

私たちの二人の子供たちを命懸けで助けてくださったあなたの勇気、勇敢さ、献身には、感謝の言葉も見つかりません。危険を顧みない毅然とした姿勢と冷静沈着な対応に、心を打たれました。

あなたの称賛に値する的確な行動、とりわけ、気高い精神は見事であり、自分たちの生き方を真剣に見直すきっかけを与えてくださいました。

今、私たちは、子供たちと過ごす一瞬一瞬を大切にしながら、起こり得た最悪の事態をたびたび振り返っています。

あなたの行動に刺激を受け、私たちは先日、人道支援団体に入会しました。これは、人命を救うために応分の責任を果たす私たちなりの方法です。

子供たち、そして夫婦を代表して、心からお礼を申し上げます。あなたは私たち家族の人生を変えたのです。

草々

追　伸
子供たちがあなたのために描いた２枚の絵を同封します。

昼食の後、老人は旅人と夕食を共にする約束をした。夕食はいつもより遅い時間――かなり遅い時間――に振る舞われることになった。その前に片づける仕事があるからというのが理由だった。老人はそれ以上説明しなかった。

旅人は、本を読んだり書き物をしたりして、午後の時間を過ごした。

祝宴

夕食の時間が来た。

旅人は、宿のレストランにふらりと入るなり、美しく洗練された内装に目を見張った。装飾の数は多くないが、とても趣味がよく、完璧にコーディネートされた空間だった。

旅人の成功を祝して、特別なディナーを用意した、と老人は説明した。

そして、今夜のためにしつらえたテーブルに旅人を案内した。

二人用のテーブルだった。

「あなたが夕食に同席してくださって嬉しいです」と旅人は感謝の気持ちを表した。

「すぐに戻ります」。老人は旅人の椅子を引きながらそう言って、奥へ下がった。

やがて、片方の腕に杖を持ち、もう片方の腕に美しい女性を連れて、老人が戻ってきた。

老人は、旅人のテーブルに女性をエスコートした。

二人が近づいてくるのを見て、旅人は仰天して目を見開いた。あり得ない……。

テーブルにたどり着くと、老人は旅人に語りかけた。

「あなたがたお二人は、お知り合いですね？」

これは二重の意味を持つ問いかけなのだろうか。旅人は言葉を失った。

美しい女性が口を開いた。

「あなた、おめでとう！」


旅人は口がきけなかった。

目の前に立っているのは妻だった。状況をのみ込むのに時間がかかった。

最初、旅人は驚きのあまり、立ち上がって妻にキスをするのも忘れたが、落ち着きを取り戻してすぐにそうした。

この老人は驚くべき人物だ、と旅人は心でつぶやいた。すべてを自分で考え、そんなそぶりをまったく見せずに、このイベントのお膳立てを見事にやってのけたのだから。

旅人はようやくわれに返った。

つまり、最初から、もう一方の席は妻のために用意されていたのだ。旅人は、向かいの席に座るよう妻を促した。

上品に配置されたキャンドルの炎が、二人の瞳に映った。

この生涯に一度のイベントを理想の女性と共有できるなんて、旅人は想像もしていなかった。

老人の姿を探したが、見当たらなかった。感極まっていて、老人がいなくなったことに気づかなかった。

しばらくたってから、気をきかせて席を外していた老人がさりげなく現れた。老人は夫婦のテーブルに近づき、旅人にウィンクしてみせた。

老人は、プライベートセラーから厳選したヴィンテージワインのボトルを手にしていた。二人のグラスにワインを注ぎながら、老人は言った。

「当宿からのサービスです。あなたのお祝いのためのディナーですから。どうぞお召し上がりください。奥様、あなたのご主人は非凡な方です。今朝電話でお伝えしたように、見事な偉業を成し遂げました。これは、懸命な努力とたゆまぬ練習の成果にほかなりません」

二人は再会の喜びと感動に浸りながら、深い敬意を持って老人の話を聴き、じっと見つめ合った。

老人はこう続けた。

「大切なイベントですから、何としてもお二人にそろっていただかなくてはと思いました。

このかけがえのない瞬間を一緒にお祝いしながら、ディナーを楽しんでくださいお許しくださるなら、デザートの時間に私も同席いたします」

二人は快諾した。そして立ち上がり、心からの感謝を伝えた。旅人は老人と握手を交わした。その握手は多くのことを物語っていた。

老人がいなければ、何一つ実現していなかったことに夫婦は気づいた。この瞬間を楽しめることをありがたいと思った。

老人はそっと席を外した。

背景には優美な音楽が流れている。料理はおいしく、夢のような夜だった。

約束通り、デザートの時間になると、老人が夫婦のテーブルについた。三人は共に楽しい時間を過ごし、話は尽きることがなかった。

かなり時間がたったころ、素晴らしい夜だったと互いに認め合った。夫婦は老人におやすみなさいを言って部屋へ上がった。

それは、忘れられない祝宴になった。

翌朝、旅人はすっかり習慣になった早起きをし、新たな日課に従って「……のノート」を手に取った。

最近の出来事を踏まえて、次のような言葉を書き留めた。

何事にも時がある！

・急がずに、バランスを保つ時
・近道をせずに、準備を整える時
・二歩進むために、あえて一歩下がる時
・自分の成果を喜び、祝う時

旅人は、ペンを置いた。
同じ日、再びノートを手に取り、同じページをめくって、こう書き加えた。

さらに、

・立ち止まって、休息する時

……より順調な再スタートを切るために。

綱渡り師は、行動と同じくらい休息からバランスを生み出す

著者より

ここまでの物語を読んで身につけた知識をもってしても、再び落下したときは、
（それは、必ず起こります！）

物語の最初に戻ること……

3. バランスを体現する

高さを増していくワイヤーの上を、ゆったりと落ち着いて前進する

言わずにおいたこと

「よく眠れたかい？」旅人は妻に優しく尋ねた。

「ええ、ぐっすり！」そう言って妻は伸びをした。

「こんなに熟睡したのは何年ぶりかしら。心地よい静けさのせいね」

「そうだね。この静けさはありがたい。そのおかげで、ここに来てからずっと、現実離れ

した雰囲気に浸れている。普段の環境とは大違いさ！君はこういう場所で暮らすことを想像できるかい？」

「え？」

「こういう場所で暮らすことを想像できるかい？」彼は繰り返した。

「何を言っているの？」彼女は問い返した。

「何だか、あなたらしくないわ」

「君はこういう場所で暮らすことを考えてみようと思わないかな？」三度目は、言い方を少し変えて質問した。

「ちょっと聞いているだけなんだけど」

「まさか、真剣に考えているわけじゃないわよね？」

「いやあ、この場所は魅力にあふれているからね。いつか実際に移ってくるかどうか、まず話し合っておかないと」

「一体どうしちゃったの？」信じられないという顔で彼女は聞いた。

「あなた、人が変わったみたい！」

「目が覚めただけだと思うよ」と彼は言った。

「クビになった直後にここへ来たときは、完全に混乱していたけどね」

「電話で言っていたわね。でも、容赦なくクビを切られて、まともでいられる人はいないわ」

「そうだろうね……」とつぶやいたきり、彼は話を止めた。思考がよそへ飛んでいた。

会話に集中し直して、真剣な口調でこう続けた。

「解雇されたことで、もっと深いことが見えてきたんだ……」

この会話は、妻を驚かせると同時に不安にさせた。

驚くのも当然だ。彼は心理分析をするようなタイプではなかった。

不安になるのも無理はない。反省にも近い彼の言葉の裏に何があるのか、どう対応すればよいのかわからなかったからだ。彼女は少し動揺していた。

そんな妻の様子を見て、状況を把握できるよう手を貸す必要があると旅人は思った。

「僕の話で君を驚かせてしまったみたいだね。実は、今の君のように、僕自身も驚いたんだ。正直言って、目が覚める前は、自分の周りで起きていることが見えていなかった。わき目もふらずに働くやつだと、同僚からよく言われたよ！」

「でも、それが普通じゃないかしら」と妻は言った。

「あなたは特別じゃないわ。今はそういうご時世だし、ほかの人たちと同じように、折り合いをつけてやっていくしかないのよ」

「ここに来る前の僕なら、まったく同じことを言っただろうな……」

「何だか怖くなってきたわ」。話の先がどうなるのか不安で、彼女はつぶやいた。

「むしろ安心すべきだよ」。妻の顔に不安が広がっているのに気づき、旅人はなだめるように言った。

「このごろ僕に起きている変化に、君は気づいていないかな？」

妻には長く考える必要はなかった。

少し振り返るだけで、答えはすぐに出た。夫の振る舞いには、明らかによい変化が見られていた。劇的な改善と言ってもいい。

・解雇について、電話で自ら進んで打ち明けてくれたこと——言い訳一つしなかった。
・しばらく宿で過ごしたいと望んだこと——考えるより行動が先の夫にはめずらしく、一歩引く姿を取った。

・娘への手紙——飛躍的な進歩！
・父親の死に際して見せた態度——長らく見せていなかった敬意と責任感を示した。
・亡くなった父親への手紙——無条件の愛情の証。
・赤ん坊の動画——もう一つの飛躍的な進歩！
・ワイヤー上での快挙——テレビを見ることが唯一の娯楽だった夫が、まったく想定外の驚くべき偉業を成し遂げた！
・昨夜のディナーでの振る舞い——思いやりにあふれていた！　長い間忘れていた、愛情に満ちた時間を夫婦で過ごした……。

旅人は黙って妻を見つめていた。

「確かに、あなたは変わったわ」。彼女はそう言って、質問にようやく答えた。

「まるで生まれ変わったみたいに」

「以前の僕と、今の僕と、君はどっちがいい？」どうしても知りたくて、彼は尋ねた。

「この前」と、質問には直接答えずに彼女は言った。

「あなたが電話で解雇のことを知らせてきたとき、正直に話してくれて嬉しかった。そのことをずっと考えていたの」

「本当に？」

「ええ、以前はそうじゃなかったもの。これまでは、私に聞かせたいことだけを話しているように感じることが多かったわ。私の考えていることなんてお構いなしに」

「なぜそれをもっと早く言わなかったんだい？　言ってくれれば、僕だって変われたのに」。妻との間に溝があったことを知り、旅人はがくぜんとした。

「何度も言おうとしたわ！」と彼女は言い返した。

「あなたが耳を貸そうとしなかっただけよ。同じことを繰り返すのがもう嫌になって。そのうち、何も言わないでおくことに慣れてしまったの。面倒くさかったし、そのほうが都合がよかったから」

「そんなふうに思っていたなんて、残念だな」と彼は苦々しく言った。

「一番残念なのは、そんな状態に甘んじていたせいで、多くの機会を逃したかもしれないってことだわ」と彼女は打ち明けた。

旅人は妻の言葉に打ちのめされた。その言葉は、残念ながら真実を突いていた。

愛する相手に寄り添うことの大切さについて老人と語り合ったときの結論を、妻の言葉は裏づけていた。なんということだろう。

それはまた、旅人が心の中で見ないようにしていた問題を再確認させた。そのほうが都合がよかったのだ。

長く重苦しい沈黙が続いた。二人とも口を開こうとしなかった。

やがて、旅人がこう切り出した。

「確かに、多くの機会を逃してきたかもしれない。とても残念に思うよ。もし今後も同じことを続けたら、二人とも最後には落下してしまうかもしれない」

「落下？　何のことを言っているの？」

「イメージというか、例えだよ。ここで学んだんだ。僕らは誰もが人生というワイヤーの上にいる綱渡り師だっていうことを。人生は、バランスとアンバランスの問題に行き着くんだ。気をつけないと落下してしまう」

「そうだとしたら、私たちの将来について、あなたはどう思うの？」と彼女は尋ねた。

「僕らは今こそ、この話をすべきだと思う」と旅人は言った。

「君は優れた洞察力と健全な常識の持ち主で、僕らが改善すべき点をはっきりと指摘している。だから僕は、二人の将来は明るいと確信しているよ」

彼女はそれを聞いて喜び安心した。同時に、朝から続けてきた二人の会話の展開に驚いた。

「私、今のあなたのほうが好きよ！」答えが待ち望まれていた質問に、彼女はついに答えた。

彼女は違う人と話しているような気がしていた。もっと正確に言えば、同じ人だが、文字通り変貌を遂げた人だ。それもよい方向に！

このような場所で暮らすことを想像できるかという質問は、その時点で重要ではなくなっていた。

ある意味、彼女は自分の夫を取り戻した。大事なのはそれだけだった。今、彼女にはそれがはっきりとわかった。


二人は気分よく会話を終え、夫婦関係にもっと注意を払い合おうと誓った。言うべきことを言わずにおけば、コミュニケーションを損ない、夫婦や家族の関係を壊しかねないことを、今後は意識するつもりだった。

注意を払うのは難しくない。試す価値はあると二人は確信した。

旅人は、角が立たないよう、悪意のかけらも感じさせない言い方で、父の死を紙きれ一枚で知ったときの気持ちを妻に伝えた。

最も思いやりのある伝え方ではなかったかもしれない、と妻は認めた。彼女は許しを求め、彼はすぐに許した。思っていた通り、できるだけ早く知らせようとしただけだった。その話はそれでおしまいにすることにした。

やり過ごす

その少し後、旅人の妻は、夫が留守にしている間に起きた事件について話すのをためらっていた。

自宅の外壁の一つが落書きで埋め尽くされたのだ。元通りにするには相当な費用がかかる。よりによって悪いときに――非常に悪いときに――とんだ被害に遭ってしまった。

だが、彼女は話す決心をした。

変貌を遂げる前の彼ならば、情緒不安定になり、感情的な反応を見せていたはずだ。一日中怒鳴り散らしていたかもしれない。きっとわれを忘れていただろう。

だが、今回の彼の反応はまったく違っていた。当然、腹は立った。一体誰の仕業なのかと。加害者側のリスクが少なく、被害者に多大な犠牲を強いる落書きなどの破壊行為は、残念ながら増加傾向にあった。

それでも、旅人は平静を保った。状況を考えれば、妻と過ごす貴重な時間を台無しにせずに自分にできることは少ないと思われた。

言うべきことを言わずにおくのはよそうと二人で決めた以上、彼は自分の考えを妻に明確に伝えた。

差し当たり、優先順位が高くない問題にエネルギーを無駄使いしないことが大事だった。もちろん、時が来れば、やるべきことはやるつもりだ。何事にも時があるのだ。

一歩引いて状況を分析する夫の新たな能力に、彼女は驚いた。彼がさまつな事柄をやり過ごせるようになったことに衝撃を受けた。

夫の振る舞いに刺激を受け、彼女も同様の努力をする気持ちになった。自分の役割を果たすために。人として成長するために。自分にはそうする必要があると彼女は感じた。

旅人は、宿の裏手の丘の上まで散歩して、父を追悼して建てた祠の場所まで行こうと提案した。

彼女はその気持ちを十分に理解した。もう一つの明るいサインだ。

その後、二人は杖をついた老人と合流した。

昨晩、ディナーを終えた後、老人はこのエリアを周遊する乗馬ツアーを提案していた。旅人が妻を駅まで送りとどけるのは、それからでよかった。

この貴重なひとときを精一杯楽しもうと、二人はその提案を喜んで受け入れた。

優しさ

昼近くになって、夫婦は老人と待ち合わせをした宿の馬小屋へ向かった。

「では、行きましょう」。準備が整うと、老人が言った。

彼らは馬に乗って宿を出発した。三頭の馬は縦一列になって進んだ。老人が先頭に立ち、旅人は一番後ろについた。

これまでの数々の遠出で老人が旅人に見せてきた場所を三人は訪れた。旅人は、新しい視点からそれぞれのよさを再発見した。

道中、老人はホスト役と案内役という役割を満喫しながら、その地域の豊かな自然の宝を紹介していった。

地元の動植物や地形の詳しい説明は、夫婦を楽しませた。

老人が地元の生態系について深い知識を持っているのは明らかだった。土地との関わりと読書を通じて、その知識を身につけたという。

老人は、生きとし生けるものすべてと完全に調和して暮らしていた。この場所に精通し、最大限の敬意を払っていた。

人、動物、植物、物――つまり、周囲のあらゆる人や物――に対する老人の思いやりに、旅人と妻は心を動かされた。

手つかずの自然を残すこの地域との完全な調和の中心には、老人の優しさがあった。老人はバランスを体現していた！　それは、この地も同じだった。

「こういう場所で暮らすことを想像できるかい？」

今朝の夫の質問を彼女は思い出した。

もし夫が先にその質問をしていなかったら、壮大な景色に魅せられて、自分が同じ質問をしていたかもしれない……。そんな考えが浮かんだことに、彼女は驚いた。今住んでいる町がとても気に入っていたからだ。

この素晴らしい土地の景色を見つめながら、彼女の心は乱れた。夫が見つけたことを、ようやくイメージできるようになっていた。とにかくこの場所には、ありのままがあると感じた。その趣に彼女は深く感動していた。

夫婦水入らずにさせるのにうってつけの場所だと考えた老人は、しばらく二人と距離を置いた。

旅人と妻はくつわを並べて、山のふもとまで下りて行った。
旅人は山頂を見つめながら黙っていた。彼女もその様子に気づいていた。
山を下り切ったとき、旅人は心を動かす言葉を妻の耳元でささやいた。
優しいひとときだった……。

厳格さ

ほどなくして、老人が山のふもとで二人に合流した。

「楽しんでいますか？」と老人は尋ねた。

「ええ、とても！」と旅人の妻は答えた。「この場所にいられることに、心から喜びを感じています」

「あなたにお会いしてしばらくたちますが」と旅人が老人に言った。

「あなたには驚かされてばかりです。あなたがなさることは万事徹底していますね。自然への造詣、もてなし、宿の運営、ワイヤー上での身のこなし、どれをとっても」

二人の満足した表情を見て、老人は喜んだ。それが最高のご褒美だった。

旅人は続けた。

「お会いしたばかりのころ、何事も徹底的になさるとご自分でおっしゃっていましたが、これほどとは思いませんでした！」

「どうしてそう思われるのですか？」と老人は尋ねた。

「遠出の準備をしている姿を見ていましたが、馬であれ馬具であれ、細部にまでとことん注意を払っていましたね」

「あなたもきっと同じですよ」。旅人が妻の前で面目を保てるように、老人は言った。

「お墨付きをいただき、ありがとうございます。でも、実際はどうでしょう……」と旅人は返した。

「厳格さは、心のあり方です」と老人は言った。

「あなたもワイヤー上で経験したように、何事も細部こそが大事なのです」

「確かにその通りですね」と旅人は言った。

「でも近ごろは、細部を軽視する風潮があります。一度に多くのことをやろうとして、手を広げすぎるんです」

「いい指摘ですね」と老人は続けた。

「手を広げすぎると、凡庸な結果しか残せません。すべてを同時に極めるのは難しいのです」

「手を広げすぎると、生かじりの原因にもなりますね」と旅人は付け加えた。

「ザッピングの問題もそこにあります！」

旅人の妻はこの会話をじっと聞きながら、自分の状況を振り返っている様子だった。

旅人は続けた。

「ラッキー・スター・インは、温かく和やかな雰囲気にあふれていますが、凡庸さやぞんざいさはみじんも感じられません！」

「ええ。それは私にとって大事であると同時に、お客様にとっても大事なことです」と老人は言った。

「私は労を惜しまないことを自分に課し、従業員にも行き届いた仕事を心がけるよう徹底しています」

それから、おどけた調子で付け加えた。

「おかげさまで、私ども、これまで苦情をいただいたことはございません……」

「僕からも、苦情はまったくありませんよ！」と旅人は言った。

ずっと考え込んでいた旅人の妻は、老人のほうを向いて質問した。

「では、なぜ人は、なかなか物事を正しく進められないんでしょうか？」

「楽な方法をとるほうが、はるかに都合がいいからでしょうね」と老人は答えた。

「とはいえ、火が完全に消える前に火から離れてもいいと消防士に言うわけにはいきません！」

「あるいは、1センチくらいたいして変わらないと、綱渡り師に言うわけにもいきませんね！」と旅人は付け加えた。


旅人の妻は、最近衝撃を受けたニュース報道の話を持ち出した。

「旅客機に使われている小さいねじを交換する必要があったそうです。新しいねじは、交換前のねじとまったく同じものに見えたそうですが、数年後、そのねじが原因で墜落事故が起きました……。

交換したねじのサイズが、実際は微妙に違っていたのです！

わずかな違いが多くの命を奪いました。報道によれば、惨事の原因となったミスは避けられるものだったという話です……」

「嘆かわしい怠慢と不注意の事例はいくらでもあります」と旅人は言った。

「近ごろ、多くの分野でそうした事故が起きています。幸い、必ずしも最悪の結果につながってはいませんが」

　老人は、その問題について確固たる考えを持っていた。

「重大な過失の事例は以前からずっと起きていますし、今後も起きるでしょう。それが現実です。しかし、私たちが傍観し、こうした事例の蔓延を放置すれば、本当の悲劇が起こります。逆説的に言うと、その場合、凡庸であることが標準に、卓越していることが例外になるのです。由々しきことです。世界が後退した証と言えます」

「近ごろ起きている状況は、まさにその通りだと思いませんか？」と旅人は尋ねた。

「そうかもしれません。歴史を通して、幾度もそういうことが繰り返されていますし、その結果を私たちは見てきました。人間は同じ過ちを繰り返し、忘れてしまう生き物です。バランスとアンバランス、アンバランスとバランスを交互に繰り返すのです……」

「僕たちがそれを変えられると思いますか？」悲観的な考えにとらわれながら、旅人は尋ねた。

「変えられないと思い込むのは、運命だと諦めるのと同じで、無気力につながります」と老人は主張した。

「私は毎日未来を築きバランスを養っていると信じています。凡庸は避けられないものでは決してありません」

「では、どうすれば凡庸に陥るのを防ぐことができますか？」と旅人は尋ねた。

「まず、教育です」。老人はきっぱりと言った。

「先ほどお話しした労を惜しまない姿勢は、教育を通して伝えられます。たとえば、物事の本質に迫り、自分の考えをまとめ、——さっきのねじに関する報道とは異なり——細部に注意を払うよう子供たちに教えるのです」

「子供たちにそのような徹底した教えを受け入れる力があると本当に思いますか？」旅人の妻が、生じた疑問への答えを求めて尋ねた。

老人は彼女をまっすぐに見つめた。

「これは私ひとりの考えではありませんが、子供たちには、優れた考えを受け入れる力が、私たち大人が思うよりもはるかに多く備わっています。大方の想定に反して、子供たちは後に、そう教え込まれたことを感謝します」

「しかし、子供たちは本当にそうした考えを受け入れるでしょうか。私には確信が持てません。自分の子供にもときどき手を焼きますから」と、彼女はまだ当惑した様子で言った。

「確信が持てないとおっしゃる気持ちはわかります」と老人は答えた。

「子供によって、受け入れる力には差があります。だからこそ、一人ひとりに合った教育方法をとるべきなのです。大人と同じで、子供にも、なぜ細心の注意を払うことが大切かを説明する必要があります。その理由とメリットを理解できれば、子供は受け入れます」

「自分たちの方法が正しいのかどうか、どうすればわかりますか?」と妻は尋ねた。

「こう言っても意外ではないと思いますが、ほかの事柄と同じで、適切なバランスを見いだせるかどうかの問題です」。老人はかすかにほほ笑みを浮かべて言った。

「説明しましょう。

・厳格さが度を越しては、うまくいきません。厳しすぎては身動きがとれません!

・厳格さが足りなくても、うまくいきません。凡庸が凡庸を生むからです。悪循環に陥ります!

どちらの場合でも、アンバランスが生じます。

したがって、あなたの質問に答えるとすれば、バランスを考慮しながら、どの程度の厳格さが必要かを常に推し量り、それぞれの状況に応じて最善を尽くさなければなりません。繊細な問題なので、絶対的な真理があると考えたり、相手も自分と同じ見方をしていると思い込んだりすることは避けなければいけません」

夫婦はこの言葉を激励のメッセージと受け止め、バランスの機微への対応方法を学ぶことを心に誓った。

最善を尽くし、自分たちと子供たちの意識レベルに合った学び方をしていこうと二人は決意した。

しばらくして、老人は自分のノートを取り出して言った。

「厳格さに対する綱渡り師のアプローチに興味を持たれると思います。ごらんなさい。きわめて単純なものです」

自己イメージ（自分から見た現実）	**実際**（現実）
素晴らしい出来	よい出来
よい出来	平均的な出来
平均的な出来	凡庸な出来
凡庸な出来	ひどい出来

「往々にして、素晴らしい出来だと『自負』しているときは、せいぜいよい出来にすぎません。決して素晴らしい出来ではないのです」と老人は説明した。

「あるいは、よい出来だと『自負』しているときは、せいぜい平均的な出来にすぎません。決してよい出来ではないのです。

こうした認識のずれは枚挙にいとまがありません……」

老人は綱渡り師の厳格なアプローチの説明を続けた。

「さらに踏み込めば、素晴らしい出来にするのが目標なら、卓越した出来栄えを目指して努力すべきです。それがあるべき姿勢です。

それ以外の姿勢でいれば、知らぬ間に不本意な出来に終わってしまいます」

「お話を聞いていると、あなたのアプローチは意識が高すぎるのではないかと考えずにはいられません」と旅人の妻が反論した。

老人の論理展開が、彼女の中にある何かを刺激していた。

「意識が高い？　ええ、おそらく。しかし、厳格であることは、意識が高すぎると思いますか？」

「それは、あくまで見方の問題ではないでしょうか」と彼女は言った。

「見方の問題？」老人は大きな声を上げた。

「あなたがおっしゃった旅客機のねじの問題を考えてみてください。その類の過失をあっさりと受け入れ、許容すべきだと思うのですか？」

「あっさりと受け入れる？　とんでもない！」夫婦は声をそろえて言った。

老人は続けた。

「こうした過失は、多くの場合、人為的ミスによって起こります。残念ながら、たいていは関係者全員の怠慢と不注意の結果です。この種の凡庸な結果は、注意を怠ればどこでも起き得るのです」

「それでは、どうすれば凡庸の蔓延を食い止められますか？」と妻は尋ねた。

「たとえば、自制心を養うことです」と老人は言った。

「言い換えれば、各人に最後の最後まで自分の仕事に個人的責任を負わせるということです。当然、人間にミスはつきものです。完全になくすことはできません。しかし、凡庸であることを決して許してはいけません。凡庸であることを許せば、素晴らしい結果や真の満足は決して生まれません。

長期的には、特にそうです。バランスと卓越性は、時間をかけて養われるものだからです。

意識が高すぎないかというあなたのご質問に戻りましょう、自分自身や他人に対して、達成不可能な目標を設定しても意味はありません。全員に高い志を抱くよう期待することも同じです。現実的ではありません。

真の課題は、自分自身の個人的な頂点を目指して努力することです。

自分自身の目標、

自分自身の能力、

自分自身の意欲にしたがって。

そう思いませんか?」

旅人の妻は、バランスと卓越性に関する老人の意見は、現実的で賢明だと考えた。それに意識が高すぎることもない。

「あなたのアプローチはとても理にかなっていると認めざるを得ません。正直、優れていると思います。ですが、行き過ぎにつながる可能性はありませんか?」

その質問に、今度は旅人が熱意を持って答えた。

「それはいい指摘だね。君はまったく正しい。でも、僕らが常にバランスへの十分な配慮を怠らなければ、君が言う行き過ぎはおのずとなくなる。つまり、バランスがあってこそ卓越性を達成できるということさ！」

老人が補足することはなかった。言うべきことは全部語られていた。自分の生徒が独り立ちし、徐々に指導する側になりつつあるのを見て、老人は嬉しかった……。

三人は、壮大な景色を引き続き大いに楽しんだ。

ピクニックの後、旅人は妻と楽屋を訪れることができるだろうかと考えた。

その象徴的な場所の神秘を妻と共有したいという旅人の思いをくんで、老人は同意した。

早速、馬に乗って早足で出発した。

自然との親密な触れ合いは五感を喜ばせた。馬たちは田園地帯と調和して優雅に走った。

そのとき突然、景色を見渡すのが習慣になっている老人が、前方に上がっている煙に気がついた。森の近くだった。

断固たる態度

老人の様子が一変した。彼は五感を研ぎ澄ませて警戒を続けた。その表情が一気に険しくなった。

老人は夫婦に対し、煙が上がっている場所まで、少し離れてついてくるようにと言った。

そして、馬で素早く駆けていった。

夫婦は遅れないように馬をせき立てなければならなかった。

老人がその場所に到着すると、火気厳禁区域の真ん中で、急ごしらえのたき火を囲んで座っているグループがいた。

陽気に盛り上がっている様子で、老人に気づく者はいなかった。

老人は馬から飛び降り、グループに向かってまっすぐに歩いていった。

そこへ夫婦が到着し、遠くから様子を見守った。

老人は、責任者と話をさせてほしいと申し出た。

夫婦のいる場所からは、会話の内容までは聞き取れなかったが、そこで起きていることは見てとれた。ほんの数分たったころ、グループの何人かがそそくさと火を消し始めた。

老人の指示はいかなる反論も許さなかった。交渉の余地はなかった!

それは、グループと森の安全に関わる問題であり、適当に済ませることはできなかった。

夫婦が最も驚いたのは、収拾がつかなくなってもおかしくない緊迫した状況が、暴力も、言葉の暴力もなく解決されたことだった。効率のよい問題解決の見本のようだった。

老人はここでも、バランスの達人の技を見せた。老人は断固たる態度を示した上で——旅人がこれまで見たことがないものだったが、すぐさま効果を発揮した——、グループを集合させた。

それから、一人ひとり個別に敬意を持って話しかけた。彼らの質問に答えながら、このようなたき火の危険性を丁寧に説明した。

老人は、自分が話す内容を知り尽くしているようだった。

その後、グループに感謝を伝え、別れの挨拶をしてから、旅人と妻のもとへ戻ってきた。

老人は、二人を放っておいたことを詫びた。

さらに、ありのままを知らせようと、たった今起きたことを詳しく説明した。

「火遊びはいけませんよ!」老人はそう言って話を結んだ。

夫婦は快く老人を許した。二人が目にした光景は、それ自体が力強い教訓だった。
二人ははからずも、バランスを養う重要な秘訣を見つけていた。

常に、状況に応じた正しい姿勢をとること

優しさから断固たる態度……そして、厳格さ！
すべてがそろったところに真の強さが宿るのだ。
三人は馬に乗って楽屋に向かった。
それから間もなくして、彼らはワイヤーの前に立っていた。

適切な高さ

初めて楽屋を見た旅人の妻は、その神秘のオーラに魅了された。

「なぜこの場所を楽屋と呼んでいらっしゃるのですか？」彼女は杖をついた老人に尋ねた。

その質問は、旅人を慌てさせた。自分もその答えを知らないことに気づいたからだ。自分こそがその質問をしておくべきだった、と彼は思った。

「ご主人が初めてここへ来たときにも申し上げましたが、バランスを取る練習は、私の人生に大いに役立ちました。それは生きる技術と言ってよいものです」と老人は語った。

「お聞きしたのは、そういうことではないのですが」と、旅人の妻は遠慮がちに指摘した。

「もうじきですから」と老人は言った。

「練習を始めたばかりのころ、バランスの悪さに悩んだ私は、バランスを養うことのメリットにすぐに気がつきました。そこで、この先ずっと毎日欠かさずバランスを取る練習をしようと誓いました。ワイヤーの上でも、それ以外でも」

老人は一呼吸置いて付け加えた。

「楽屋という名前の由来はそこにあります。つまり、バランスを取る準備と練習をするための場所ということです。いつでも人生の試練に対処できるように」

「それで納得がいきました」と妻は言った。

「あなたは本当にバランス論者ですね」

「そうですとも」と老人は言った。

「価値ある取り組みだと思っています」


旅人は熱心に聞いていた。この場所を楽屋と呼ぶ理由を老人が説明してくれたことで、彼にとっても多くのことが明確になった。

「僕が最初にここへ来たときに演じてくださった見事な離れ業を、妻のために見せていただけませんか？」と旅人は老人に依頼した。

老人は自分をひけらかすのが好きではなかった。旅人に感謝しつつ、やんわりと断った。

「奥様はあなたの綱渡りのほうに関心があるのではないですか？」

最近成功したとはいえ、まだ自分のバランスに自信がなかった旅人は、恥をさらしたくなかった。

とりわけ、妻の前では。

だが、成長段階の今こそ、勇気を見せるべきだ。旅人は挑戦する決意をした。

「ワイヤーの高さはどのくらいにすべきでしょうか？」

「あなた次第ですよ」と老人は言った。

「どうでしょう。どの高さまでワイヤーを上げても渡れるのか、僕にはわかりません」

「あなたの志の高さを測れるのは、あなただけです」と老人は言った。

「すでに成功した高さと同じにするか、ワイヤーを上げるか、それとも下げるか、さあ、どうしますか？」

「僕の理解が正しければ、今いる場所にとどまろうとするか、さらなる高みを目指すか、守りに入るか、僕の選択ひとつというわけですね」と旅人は言った。

「まさに、そういうことです！」と老人は答えた。

旅人の妻は、自分が夫の立場だったら、どの選択をするだろうかと考えた。

今いる場所にとどまろうとすることにもリスクはあった。結局すでにやったことを繰り返すだけだ。おまけに、口で言うほど簡単ではない。

他方、ワイヤーを上げれば、リスクは高まる。ワイヤーの位置が高ければ高いほど危険は増すが、同時に、得るものも大きい。

最後に、三つ目の選択肢だ。ワイヤーを下げれば、リスクは低くなる。同時に、得るものも小さい。ある意味、後退になる。

ワイヤー上での姿勢と生きる姿勢との驚くべき共通点が、彼女の心を捉えた。迷っている夫を見て、その決心を手助けしたい思いに駆られたが、彼女自身も迷っていた。

彼女は思いとどまった。自分が決めることではない。

旅人は落ち着かなかった。妻を楽屋に連れてくるのは、果たして名案だったのだろうか。今となっては自信がなかった。

ワイヤーの高さを口にして、自分にとって本当に大切な二人の前でみっともない姿をさらしかねない状況を作るなんて、一体何を考えていたのだろう？

それにしても、なぜ自分は後悔しているのか？

何かを恐れているのか？

結局、どんなリスクを負っているのか？

旅人は時間をかけてじっくり考えた。妻も同じことをしているとは知らずに。

ワイヤーの高さを変えなかったら、進歩がないのではないか？　最悪の場合は落下する。

あり得ることだ。しょせん自分は初心者なのだから。

ワイヤーを上げれば、見事な偉業をやり遂げて成功するか、失敗しても果敢に挑戦したことで胸を張っていられる。自尊心さえ傷つかなければ！

しかし、ワイヤーを下げれば、その成否にかかわらず、称賛に値する成果は得られない。

旅人は追い込まれていた。問われているのは、今後の難局や危機への立ち向かい方だった。

自分の決断が、パフォーマンスを方向づけることになる。

有名な格言が頭に浮かんだ。

「危険を伴わない勝利に、栄光はない」

要するに、彼は自分自身を超えなければならなかった。

選択肢は一つしかなかった。ワイヤーを上げること。単なる虚栄心によるものではない。

しかし、自分を低く見せるわけにはいかなかった。これは自尊心に関わる問題だ！

それが、彼の下した決断だった。

彼は準備をするために、しばらく一人にしてほしいと二人に丁重にお願いした。

準備が整うと、二人を呼び戻して、ワイヤーに向かった。ワイヤーは、指をかけられないほど高い位置に張られていた。

旅人は縄ばしごを登った。今ではもう慣れたものだ。

一瞬のためらいもなく、彼は木から手を放し、ワイヤーを渡り始めた。

妻は自分の目を疑った。ワイヤー上でバランスを取っているのは、本当に自分の夫なのだろうか？

常に危険と背中合わせの至難の業だ。

それにもかかわらず、以前成功したときよりも高く張ったワイヤーを、旅人は渡り切った。

向こう端にたどり着いたとき、彼は妻のほうを見た。

妻は感動と安堵で目に涙を浮かべていた。その涙は、再会した夫婦にとって大きな意味があった。

その後の宿に戻るまでの道のりは、濃密で喜びに満ちていた。

宿に到着したかと思うとすぐに、旅人が妻を駅まで送る時間がやってきた。

老人の指導を受けるために、彼はもうしばらく宿に滞在すべきだと、夫婦の意見が一致した。彼女はその重要性を十分に理解し、快く夫の背中を押した。

綱渡り師のメソッド

達成したい夢を明確にする。

＊

その夢が全体のバランスを崩さないことを確認する。
もしバランスを崩すようなら、夢を見直す。

＊

夢を視覚化して、その夢に没頭する。

＊

夢の実現に全力を傾ける。

その成果が、全体のバランスと調和して、
求めていた満足をもたらしているかを確認する。

＊

もしそうならば、満足感に浸って、大いに祝う！
達成した成果を共有する。そして、ワイヤーを上げて、次の夢を定める。

＊

もしそうでなければ、状況とギャップの理由を必ず把握する。
目標を調整し、夢の実現に向けてたゆまぬ努力をする。
常に全体のバランスとの調和を確保する。

＊

綱渡り師のメソッドをできるだけ多くの人に共有する。
そうすれば、全体のバランスがさらによくなる。

宿を発つ前に、彼女は老人に感謝を伝え、心のこもった別れの挨拶をした。老人には深い恩義を感じていた。

老人は旅人に「綱渡り師のメソッド」を二枚手渡した。一枚は旅人のため、もう一枚は彼の妻のために。じっくりと考えるための読み物だと老人は説明した。

その後、彼女は列車の中で、旅人は宿の部屋で、同時に綱渡り師のメソッドを読んでいた。

距離は遠くても、心は寄り添いながら、二人はその教えに没頭した。

彼らは、綱渡り師の哲学という人生哲学を手にしていた。

豊かさと満足

翌朝、老人と旅人は朝食を共にした。綱渡り師同士で！

期待を超える前日の展開が、旅人をさらに強くしていた。新たなスタートを切り、より
よい方向に変わる準備ができた、と彼は宣言した。

「綱渡り師のメソッドは、豊かになるための有効なツールではないのですか？」旅人はも
っと知りたいという思いで尋ねた。

「確かにそうでしょうね」。老人は杖を脇に置いて、それだけ言った。

「このメソッドを実践すれば、僕は豊かになれると思いますか？」

「あなたはすでに豊かなのでは？」ほほ笑みを浮かべ、老人は問い返した。

「お互い違う豊かさの話をしているかもしれませんね」と旅人は答えた。

「僕が言っているのはお金のことですが……」

「わかっていますよ。別の豊かさを、まず思い浮かべずにいられなかっただけです」と老

人はいたずらっぽく言った。

「豊かさがお金だけに限らないことは、百も承知です」と言い訳するように旅人は言った。「欲得ずくのようですみません。でも、解雇されたばかりなもので、綱渡り師のメソッドで豊かになれるのか確認したかったんです。金銭的な意味で、ですが……」

「おそらくなれます。でも、それであなたは満足するのですか？」と老人は質問した。

「もちろん」と旅人は答えた。

「人生が変わりますから」

「気持ちはわかります。経済的豊かさを求めるのは、決して悪いことではありません……」

老人は、言葉にした以外にも思うことがあるようだった。


「あなたが豊かだと感じるには何が必要ですか？」

「よくわかりませんが、お金をもっと稼いで、暮らしがよくなることでしょうか」と旅人は答えた。

「ということは、現状は、よい暮らしにはほど遠いのですね」と老人は冗談を言った。旅人を試しているようだった。

「そんなこともありませんが」と旅人は言った。

「ただ、豊かさというものが、今自分がいるところから、ずいぶん遠くにある気がするだけです」

「そのことがあなたを苦しめているのですか？」と老人は探りを入れた。

「ええ、ある意味では」と旅人は言った。

「それが僕の長年のフラストレーションの種だと思います」

「切望しながら、まだ手に入らないあらゆるものと同様に……長年の不満の種になっている……」。老人は旅人の意図をくみ取るように補足した。

確かに、ほぼ慢性的な不満に悩まされていることを旅人は自覚した。

「おっしゃる通りです。僕は不満を感じている。豊かになりたい、もっと豊かになりたいと常々思ってきました。でも、時がたつにつれ、それが現実になるとは思えなくなったんです」

「なるほど」と老人は言った。

「それで、フラストレーションを感じると」

「その通りです。不思議なことに、激しいフラストレーションを感じると、今度は、豊かになりたいという気持ちが強く刺激されるんです。疲れ果ててしまいます……」

「刺激とフラストレーションのピークを交互に繰り返せば、誰だって疲れます。エネルギーをひどく消耗しますから。経済的なことも、それ以外のことでも同じです」

「僕が感じているのはまさにそれです」と旅人は言った。

「綱渡り師としては、ピークについて慎重に考えなければいけません。バランスを崩し、落下する原因となる危険な揺れを生み出しますから。私たちを襲う最も厳しい試練です」

　種類豊富な朝食を取りながら、旅人は思案していた。不安が顔に表れていた。

「疲れるだけなのに、なぜもっと豊かになりたいという衝動に駆られるんでしょうか？」

「少し視点を変えて問題を捉えるべきかもしれません」と老人は言った。

「もっと豊かになりたいと望むのは、ごく当たり前です。何も悪くはありません。本当の問題は、あなたが感じているフラストレーションにあります。そのうち、自分を苦しめるほどフラストレーションが高まるおそれがあります。体に毒ですし、新たな足かせになってしまいます」

「では、どうすればフラストレーションを解消できますか？」

「いい質問です。まずは、自分に本当に必要なもの、つまり真のニーズを見極めて、評価し直すことから始めてはどうでしょうか。そうすれば、そのニーズを満たすのに、どの程度の額が必要かわかります」と老人は提案した。

「それだけですか？」

旅人は懐疑的だった。

「まだあります」と老人は言った。

「今手にしているものに感謝することを学んでください。そうすれば、これから手に入れたいものをボーナスだと思えます。本当です。フラストレーション解消に効果的ですよ」

「少々単純すぎやしませんか？」旅人は異論をはさんだ。

「単純すぎる？　そんなことはありません」と老人は答えた。

「物事は思っているより単純です。満足と不満は心の持ち方次第だと肝に銘じてください。フラストレーションが余計に高まるニーズを選ばないよう注意しなければいけません」

「ようやくわかってきました」と旅人は言った。

老人は続けた。

「豊かになるほどニーズ、つまり必要なものが増え、ときに爆発的に増大するさまは、見ていて面白いほどです。私たちは最初に持っていた単純なニーズを忘れがちなのです」

「人は常により多くを求めてしまう生き物なんでしょうか？」

「そう思います」と老人は認めた。

「常により多くを求めることの危険性がわかりますか？」

「ええ、わかります。依存ですね」と旅人は迷わずに言った。

「依存があるところには、それに劣らない痛みがあります」と老人は付け加えた。

「忘れがちですが……」

「豊かさが依存を生む、と思われるのですか？」と旅人は質問した。

「それは相対的なものです。豊かであることを冷静に捉えられるかどうかによります」と老人は言った。

「何かを享受しているときに、それなしでも済ませられることを自覚すべきです。そうすれば、その存在にもっと感謝できるようになりますから……」

「綱渡り師としての意見はありますか？」旅人は落ち着きを取り戻して言った。

「綱渡り師としての意見ですか！　お金そのものは重要ではないということです。重要なのは、お金と私たちの関係です。お金と健全な関係を築く必要があります」

「不健全な関係をどう定義しますか？」旅人は質問した。

「お金と不健全な関係を持ち得る理由はたくさんあります。強欲、物惜しみ、贈収賄など、挙げればきりがありません。大事なのは、お金の稼ぎ方と使い方について、自分自身に正直であることです」と老人は説明した。

「では、自分自身に正直であるかどうか、どうすればわかりますか？」と旅人は尋ねた。

「横領など、本人が直接関与する違法行為の話でないとすれば、心の中で感じることができます」と老人は言った。

「心にやましさがなく、内面が安らかであるときは、自分自身に正直でいられますから」

「わかってきたような気がします」と旅人は言った。

「そうなって初めて、お金が本当に満足の源になるのですね？」

「その通りです」と老人は言った。

「お金を稼ぐ方法とその目的はきわめて重要です。例のごとく、それはバランスの問題です！」

「しかし、いかがわしい手段でお金を稼いでいる人たちもいますよね。おまけに、そういう人たちに限ってうまくやっているようですし！」と旅人は言い返した。不公平感が彼のフラストレーションに火をつけた。

「そうかもしれません」。老人は冷静に答えた。

「しかし、それで真の満足は得られるでしょうか？」

「僕にはわかりません。彼らの立場にいるわけではないので！」と旅人は答えた。

「でも、不満そうにはとても見えません。苦しんだり後悔したりという感じでもありません」

「不満そうに見えないからといって、真の満足を得ているとは限りませんよ」と老人は指摘した。

旅人は、議論が深まっているのを感じた。分析をとことん突き詰める分には、いっこうに構わなかった。

「わかりました」と旅人は言った。

「あなたの論点に話を戻しましょう。いかがわしい手段で金を稼いでいる人たちは、心にやましさがあり、内面が安らかではないということですね？」

「彼らが得たお金は、さまざまな種類の表面的で一時的な満足をもたらすでしょう。しかし、自分自身や他人をどんなに納得させようとしても、それは真の満足ではありません。彼らの振る舞いは、彼ら自身や社会を脅かします」

旅人はじっと聞き入ってから、深呼吸をした。

これらの教えがすべて組み合わさって、早急に考え、行動に移すべきことのヒントを旅人に与えていた。

二人は朝食を終えた。

彼らは出会って以来初めて、一緒に考えをまとめようとしていた。旅人はそれをノートに書き写した。

模範を示す！

誠実に、正直に
言うべきことはきちんと言う

やり過ごすことを学ぶ

ときに優しく、ときに断固たる姿勢を取る
何事も――まず自分に――最高を求める

そのとき、全体のバランスに十分配慮する
真の満足を見いだすことを目指し、
バランスの取れた形で豊かになる

祭り

さんさんと照りつける太陽の下、大勢の人々が集い、熱気あふれる空気にさまざまな音、匂い、色が入り混じっていた。

エネルギーがそこかしこに満ちている。今日は、郡主催の農業祭の日だ。

杖をついた老人は、時間を見つけては、この大事なイベントの準備にいそしんでいた。最近は、旅人の手も借りながら。

ワイヤーの上と同様、物事の準備にあたっては細部が大事だった。

地域を挙げてのこの祭りのため、老人は膨大な手間をかけて、多様な商品を用意していた。

2本の木の間に確保された場所にスタンドを設置し、商品を丁寧に一通り並べた後、老人と旅人は会話を始めた。

「なぜこの場所を選んだんですか？」と旅人は尋ねた。

「その質問をするからには、何か思うことがあるのですね？」杖を手元に置いて、老人は言った。

「ええ、もちろん」と旅人は答えた。

「でも、確かめたかったんです。ここは不思議と楽屋によく似ていますね」

老人はうなずくと、2本の木の間にワイヤーを張った。今回は、自分が作った商品の展示にワイヤーを使うらしい！

老人の頭からバランスのことが片時も離れないのは明らかだった。バランスは老人の体の一部なのだ。


早朝にここへ到着してからずっと、いろんな人たちが次々と老人に会いにやってきた。

この黒山の人だかりの中には、老人の知り合いがたくさんいて、スタンドに立ち寄って握手をしていく人が絶えなかった。老人はその全員とファーストネームで呼び合う仲で、時間が許せばできるだけ言葉を交わした。

「ここであなたを知らない人はいないんですね！」と旅人は驚いて言った。

思えば、老人がこれほど人気者だと知ったのは初めてだった。

老人は何も言わなかったが、それを認めつつ謙遜するような表情を見せた。老人は集中を切らさずに働き続けた。

その後、来場者が昼食を取る時間になり、客足が少し落ち着くと、老人はすぐ近くのスタンドの新規出展者に挨拶をしに行った。

二人はしばらくおしゃべりをしていた。

そうこうするうちに、その出展者は、自分の専門分野の新しい技術を老人に見せた。

老人はそれを見て感激し、今度は嬉しそうに自分の商品を見せて、最新作の一つを彼に手渡した。

やがて老人は、その出展者に温かい言葉でいとまを告げ、自分のスタンドに戻った。

客がいる中で、旅人は老人に向かってついこう声をかけた。

「あなたには本当に驚かされます！」

「それはどうも」と老人は返した。

「でも、あなたこそ驚きだと私は思いますよ。あなたは才気にあふれ、短期間に多くのことを身につけましたから……」

「そう言ってもらえて、とても嬉しいです」。老人の言葉に感動して旅人は言った。

「どういうわけか、妻とディナーを呼ばれた夜、自分の成長を強く意識するようになりました」

「確かに、非常に濃密な時間でしたからね」と老人は言った。

「将来に目を向けるのは大事ですが、ときには振り返ることも大事です。これまで進んできた道のりを確認し、評価し、成果を祝うのです。あの晩、あなたがなさったように」

「そうですね」と旅人は言った。

「実際、最初にワイヤーを渡り切ったとき、自分が歩いてきた距離を確認することで、ここまではまたやれるという自信を持てましたし、最終的には、妻やあなたの前でワイヤーをさらに上げて挑戦する自信を持てました」

「それこそが、バランスの鍵となる自信です。自信はすべての成功の鍵です。個人面、感情面、仕事面、人間関係面、経済面、精神面など、人生のあらゆる側面に自信が大きく関わります」と老人は言った。

「今までも、もっと自信さえあれば状況は違っていたのに！」と旅人は叫んだ。

彼はさらに続けた。

「まるっきり違っていたはずです！　結婚生活、父親としての役割、健康習慣、仕事、何もかも！　実は今朝から、本当に組織再編だけが解雇された理由なのかと自問し始めました」

「正しい疑問です」と老人は言った。

「答えは出ましたか？」

「出たと思います。どの方法をヒントにしたかわかりますか？」

「いいえ。どの方法ですか？」老人は、旅人の口から答えを聞くために、わからないふりをした。

「綱渡り師のメソッドです！」旅人はそう言って、思わせぶりにこう付け加えた。

「説明してほしいですか？」

生徒の生意気な口ぶりに、老人は思わず笑った。

旅人は、自分が行った分析を説明した。

「何が解雇につながったのかを突き止めるために、現実と現実の認識についてあなたと話したことをよく考えてみました。僕の推論はこうです。

僕は解雇された。それは事実であり、表向きの理由は組織再編でした。おそらく組織再編は本当に必要だったのでしょうが、いずれにせよ事実関係はわかりません。否が応でも解雇を受け入れるしかありませんでした。それに、解雇されたのは僕だけじゃない。

解雇の理由は組織再編だけだと自分に言い聞かせることもできました。それなら、多少の気休めになります。

しかし、深く考えるにつれて冷静さを取り戻し、自分自身を見つめて、実際に何が起きたのかを見極めるべきだと強く感じるようになりました。

結局のところ、自分がそうあってほしかったこととは裏腹に、組織再編だけが解雇の理由ではないと認めざるを得ませんでした。

僕は仕事ができると自負していました。でも実際は、平均的な社員にすぎなかった。平均的であることに慣れてしまった挙句、凡庸になり始めていたんです！

僕にはちょっとしたルーティンがあって、それで安心し切っていました。ところが、ワイヤーはどんどん低くなっていたんです。僕はそれに気づきもしませんでした。

会社はやがて、僕よりも先に、そのことに気づいたに違いありません。

そう考えるとショックでした……。

しかし、実に妥当な推論でした。目を覚ますためにも、目標を見直すためにも」

老人は、旅人の分析に最初から最後までじっと耳を傾け、その内容に納得した。そして、旅人にコップ一杯の水を差し出して、こう言った。

「あなたが綱渡り師のメソッドを使うだけにとどまらず、綱渡り師の厳格なアプローチもしっかりと取り入れているのがわかって嬉しいです」

旅人はうなずいた。それから、その分析を仕上げる決意をして続けた。

「ようやく物事がはっきり見えてきました。ルーティンによって僕は大きな代償を払いました。もっと注意をして、同じ罠に陥らないようにする必要があります。こうした過ちを一度犯すのは仕方ないかもしれません。しかし、再び繰り返すことは許されません。綱渡り師の名誉にかけて！」

旅人はそこで話を中断した。客が二人スタンドにやってきたからだ。

お客様は神様だ。

交渉

農業祭のにぎわいは最高潮に達していた。旅人は老人を手伝い、スタンドの商品は飛ぶように売れた。

老人の交渉術に、旅人は舌を巻いた。特に、高額な商品の込み入った交渉の進め方は見事だった。

老人は、それぞれの商談が必ず効率よく円満にまとまるよう、最もバランスの取れた結果を追求しているように見えた。

最高の合意よりも、最適な合意に達することのほうが、自分にとっては重要だと老人は説明した。

老人は、常に率直で柔軟な姿勢を保ち、優しさと厳格さと断固たる態度を織り交ぜながら、可能な限り高い価値を創造し獲得した。その交渉姿勢は、強すぎも弱すぎもせず絶妙な加減で、場面に応じて強弱を使い分ける巧みさもあった。

「綱渡り師の交渉人は、バランスは考え方であり、結果ではないと理解しています」と老人は語った。老人はこうして今後のビジネスの健全な基盤を築き、交渉相手を必ず満足させた。

老人の説明によれば、綱渡り師の交渉哲学は、異論もあるにせよ、おそらく一般的なものではなく、ビジネスなどの領域でよく採用されている方法論よりも厳格だという。

それでも、この交渉アプローチのほうが当事者双方にとって満足度が高く、価値創出の可能性もはるかに高いのは間違いなかった。あらゆる種類のバランスが保たれているからだ。

これは、双方に利益をもたらす、信頼できる持続的なビジネス関係を構築する方法でもあった。老人はこうしたアプローチの一例として、フェアトレード（訳注：発展途上国で作られた産品を適正な価格で継続的に購入することによって、生産者の生活向上を支える仕組み）を挙げた。そして、不思議なことに、最適な合意は、結局は最高の合意になることが多いと指摘した。

もちろん、バランスの取れた交渉をするには訓練が必要だったが、その効果は抜群だった。

老人が長年の固定客と良好な関係を築いていることからも、それは明らかだった。信頼の上に成り立った顧客との交流が、何よりの証拠だった。

綱渡り師の流儀を交渉に活用している様子を見れば、老人が尊敬を集めている理由がわかった。老人は交渉人としても、自分の行動指針からそれることは決してなかった。

他人を変えることはできるか？

同じ日……。

そうしている間にもさまざまなことが起きたが、旅人の頭の中は、相変わらず、さっきの仕事の話でいっぱいだった。

旅人には気がかりなことがあった。くよくよ考えるのをやめ、胸のつかえを下ろそうと、老人にそれを打ち明けた。

「さっき言ったことと矛盾しますが、まだ一つ引っかかっていることがあります」

「それは何ですか？」

「元上司について、釈然としない思いが残っているんです」と旅人は言った。

「その上司と僕は険悪な関係でした。意見が衝突して、気まずくなることもしょっちゅうでした。正直、まったくそりが合わなかったんです」

「状況を変えるために、何か手を打ちましたか？」と老人は尋ねた。

「何度も彼を変えようとしましたが、無駄でした。仮にそのとき、僕があなたに教わった原則を身につけて活用していたとしても、おそらく彼には効かなかったでしょう」

「だとすれば、あなたはもう一つの綱渡り師の原則を見落としていたのかもしれませんね」と老人が指摘した。

「他人を変えるのに役立つ原則があるんですか？」旅人は興味をひかれて尋ねた。

「他人を変える責任が自分にあると思うのですか？」と老人は問い返した。

「あの性格を考えれば、その上司は多少変わったほうがよかったんですよ」と旅人は食い下がった。

「彼の振る舞いには我慢ならないことがたびたびありました。周りのみんなにも悪影響が及んでいたに違いありません。誰かが彼を変える必要があったんです……」

「本当に？」老人は驚いて言った。

「では、その上司があなたを変えようとしていたと想像してみてください。おそらく、実際に変えようとしていたでしょうが」

「あの上司なら、平気でそうしていたはずです」と旅人は答えた。

「おかしな関係は、きっとそうやって生まれたのですね！」と老人は言った。

「なぜですか？」と旅人は尋ねた。

「あなた方二人がそろって、お互いを変えようとしている様子が目に浮かびます」と老人は言った。

「そんな堂々巡りの勝負をしても、一生決着はつきません。お二人ともさぞやエネルギーを消耗したに違いありません……」

「では、不心得者が相手でも、変えようとすべきではないとおっしゃるんですか？」と旅人は尋ねた。

「誰かが真実を教えてやるべきではありませんか？」

「真実？　あなたはその真実の使者として、改革運動でもしていらっしゃるのですか？」と老人は言い返した。

旅人は黙り込んだ。

「何事も自分で決断を下すのが肝心です」と老人は説明した。

「客観的事実だと思うことを根拠に、自分が変わるより、相手が変わるべきだと、あなたが考えているのは理解できます」

「その通りです」と旅人はうなずいた。

「だから、そうした人たちを変える義務があると感じている。そうですね？」と老人は尋ねた。

「まったくその通りです」と旅人は答えた。「誰かがやらなければいけませんよね？　みんなのためになることですから」

「なるほど」と老人は言った。「あなたの姿勢はご立派ですが、それを遂行するにはリスクと限界があります」

「どんなリスクですか？」と旅人は尋ねた。

「説明しましょう」と老人は言った。

「すべての人間関係に言えることですが、相手を変えようとしたり、本人らしくない、結果本人が望まないことを相手に押しつけようとすれば、その関係は必ず破綻します」

「なぜでしょう？」と旅人は尋ねた。

「関係に自然とひびが生じ、バランスが崩れるからです」と老人は言った。「たとえば、嫉妬深い人の嫉妬を他人が抑えることは決してできません」

「そうでしょうか？」旅人は大きな声を上げた。

「彼らが変化して嫉妬を抑えるには、その変化が自分の中から生じる必要があります。自分自身が決断を下すべきです。その決断は、変わる意欲に基づいていなければなりません」

「本人が変わることを選ばなければ、あるいは本人に変わる意欲がなければどうするのですか？」と旅人は尋ねた。

「そのまま放っておくのです」と老人は言った。

「その場合、あなたにできるのは、よい影響を与えられるように願うことだけです。なるようにしかなりません……」

「わかりますが、残念じゃありませんか？」と旅人は尋ねた。

「何の得にもなりそうにないし……」

「得？」老人は尋ねた。

「これが、損得と関係していると思いますか？」

「ええっと、あなたの話を聞く前なら、何の疑問もなくそう思うと答えたでしょうが……今はよくわかりません」と旅人は言った。

「あなたの意に反して、あなたにとって『最善』のことをしようとする人がいたら、どう思いますか？」と老人は尋ねた。

「あるいは、少なくともその人があなたにとって最善だと認識していることをしようとしていたら？」

旅人はしばらく考え込んだ後、こう答えた。

「僕の意に反して僕を変えようとする人をありがたいとは思いません。むしろ『ありがた迷惑』だと感じます」

「もう、おわかりでしょう」と老人は言った。

「私たちは他人を変えることはできません。その本人が自分自身を変えなければならないのです。もし本人が変わることを選べば、ですが。私たちは自分をありのままに受け入れ、他人もありのままにしておくほうがよいのです。誰もがそのほうが幸せです……」

「違法行為に手を染めている人たちはどうですか？　彼らも変えるべきではないと？」と旅人は質問した。

「そういう人たちも同じです」と老人は答えた。

「法律を守るよき市民になると、彼ら自身が決断しなければなりません。自分自身で下すべき選択なのです。一方で、社会は、個人と集団の安全を確保する重要な役割を担っています。現行の規則、制度、法律の枠組みの中で、これらを尊重しながら、社会がその役割を果たさなければなりません」

「これも、バランスの問題ですね！」と旅人は言った。

「その通りです。そのために、個別の事案に応じて必要な措置を判断する人たちがいるのです。その措置は、予防措置から制裁措置までさまざまです……」

「なるほど、そういうことですか！」と旅人は言った。

旅人は、老人の教えを反すうし、理解を深めようと自分に言い聞かせた。また、これまでの人間関係で犯してきた過ちを繰り返さないために、これらの教えを今後も肝に銘じ続けることを誓った。

過去の過ちによって、大きな代償を払ってきたのだから。

老人が説明してくれた、元上司との関係の中で見落としていた綱渡り師の原則を十分理解したところで、旅人はノートを取り出し、次のように書き留めた。

自分のあるべき立場をわきまえ、
他人を変えようとはせず、
変わる選択はその本人に任せる

トラブル

農業祭で、二人は充実した時間を過ごした。

人々と出会い、語らいながら、作業を楽しんだ。

だが二人とも、もう疲れ切っていた。そろそろゆっくり静かに過ごす必要があると感じ、引き上げようとしていた。

ちょうどそのとき、商品を両腕いっぱいに抱えて飛び出してきた出展者が、旅人にぶつかった。

ついカッとなった旅人がそれを押しのけると、出展者はバランスを崩して転倒した。その拍子に、抱えていた商品が腕からこぼれ落ち、両親を追いかけてきた子供に当たってしまった。

子供は泣き出した。転んで頭にけがをしたのだ。だが、たいしたことはなさそうだった。

旅人は途方に暮れていた。

動揺のあまり、地面に倒れた子供と出展者を交互に見るばかりだった。

子供の具合を確認していた老人と、彼は顔を見合わせた。


少し時間がたったころ。

旅人は関係者全員に謝罪をした。その中には、怒りと不安が入り混じった表情をした子供の両親もいた。

ようやく事態は落ち着きを見せた。

老人は旅人に近づいてラッキー・スター・インのカードを差し出し、子供の両親にそのカードを渡して、飲み物を「一杯」サービスするために宿に招待することを提案した。

旅人は子供の両親にカードを手渡し、自分の名前を知らせた。

やがて、全員が帰路についた。例の出展者も、旅人と同様に謝罪を済ませて家路についた。

友

宿へ帰る途中、二人は老人の友人を訪ねた。

その友人は、しばらくゆっくりしていくように二人を促した。おかげで、老人と友人が近況を報告し合うよい機会にもなった。

当然のことながら、老人の友人は、旅人がどういういきさつでこんなところへ来たのかを知りたがった。

その友人は、国内最大の植物園でボランティアをしながら老後を過ごしていると説明した。植物に関する豊富な知識を身につけているのは明らかで、情熱と敬意を込めて植物についで語った。

その話は臨場感にあふれていて、旅人は熱心に聞き入った。

どういうわけか、その友人の佇まいは、杖をついた老人をほうふつとさせた。言葉を慎重に選び、終始落ち着いた口調で、優雅な身振りで話をする。彼はもう一人の綱渡り師なのだろうか？

いずれにしても、同じようなバランスが感じられた。

杖をついた老人が、運任せに人間関係を築いているとは考えにくかった。

そのとき、はたと思い当たった。世界中にこうした美点を持った人がたくさんいるに違いない。多くの綱渡り師たちがいるに違いない、と。

さらに、これまでの人生を通して、知らないうちに、こうした人たちと出会っていたのかもしれないと気がついた。

自分が綱渡り師の精神を身につけていなかったがために、今までほかの綱渡り師たちと関係を築けなかったのだ。

本腰を入れてこの状況を変えなければならない。

それからしばらくして、自然との触れ合いで元気を取り戻した老人と旅人は、友人に心からの感謝を告げ、次回宿で会う約束を交わした。

そうして、二人は出発した。

原因と結果

宿に着くと、旅人にメッセージが届いていた。

農業祭でけがをした子供の両親から電話が入っていた。子供のめまいが続くため、病院に連れて行ったという。どうやら容態が悪化したらしい。

知らせを聞き、旅人はその子供と両親のことがひどく心配になった。

最初の反応の後、きっと大丈夫だと自分を安心させようとした。結局、たいした影響はなかったと明らかになるはずだ、と。

しかし、何かに集中しようとすると、子供を転ばせて泣かせた一連の出来事が繰り返し頭をよぎった。

どうしてこんなことになってしまったのだろうか？

まず、あの出展者が自分にぶつかってきた。

それを押しのけると、出展者が転倒して、子供も巻き込んで転ばせてしまった。

子供はそのせいで泣き出したが、やがて泣きやんだ。

その後、関係者全員に一通り謝罪した。

そこで話は終わったはずだった。しかし、実際は終わっていなかった。

状況を整理しようと、旅人は頭の中でシナリオを何度も再現した。


シナリオを再現すればするほど、どんどん落ち着かない気持ちになった。

なぜか？

そもそも、なぜその子が両親に付き添われずに、一人でそこにいたのだろうかと自問した。あんなに小さい子供には、親が付き添っているべきだ。両親にも責任がある。

だが、子供が常に両親と一緒にいることを、本当に期待できるだろうか？

そうとは言い切れなかった。

次に、不器用な出展者の落ち度だと自分を納得させようとした。

だがすぐに、自分が出展者を押しのけたことを思い出した。

結局、自分が過剰な力で押したせいで出展者を転ばせたのだという結論に達した。

旅人は動揺した。

つまり、この状況に主に責任を負うのは自分ということだろうか？

どうしても新鮮な空気が吸いたくなって、彼は外へ出た。

違う結論にたどり着くのを期待して一連の出来事を見直すかのように、旅人はもう一度話の流れを精査した。

出展者が自分を押した。したがって、この一件の発端は出展者にある。つまり、出展者こそが責任を負うべき唯一の人物だ。

そう考えると安心した。だが、そこで考え直した。出展者は責任を負うべき唯一の人物ではなく、責任を負うべき最初の人物にすぎない、と。

次のポイントは、出展者が意図的に押したかどうかだ。その可能性は低かったが、検証しなければならない。

もし意図的であれば、出展者の責任を明確に示すことになる。

もし意図的でなければ、出展者の責任は、完全には消えなくても、減ることになる。

確かにそうだ。だがいずれにせよ、事はそこで終わっていた可能性がある。でも、終わらなかった。

もし、自分が反応していなかったら、事態は悪化することなく、そこで終わっていたはずなのだ。

だが、自分は反応した——それも、普通の反応の仕方ではなかった。感情が高ぶっていたとはいえ、出展者を意図的に押したのは間違いなかった。明らかに、過剰な力で反応したのだ。

それは紛れもない事実だ。出展者は地面に倒れたのだから。

では果たして、違った反応ができただろうか？

いっさい反応せずに、いら立ちを表に出さないでおくこともできただろう。

たとえいら立ちを隠せなかったとしても、自制心を働かせるか、少なくとも攻撃的にならないようにできたはずだ。

相手を押しのけずにいることはできただろう。

だが、自分はそうしなかった。われを忘れて出展者を過剰な力で押してしまった。意図的に押したのだ。

冷静さを取り戻した今、それがはっきりとわかった。

実際に、自分がまたも自制心を失ったこと、感情に流されて冷静さをなくしてしまったことを思い知り、旅人は苦しんだ。今回は、相当な代償を払うことになるかもしれない。

ワイヤーの上と同様に、人生に絶対はないのだろうか？　あらゆることが、いつでも思いがけないところで問題になり得るということか？
答えはもちろん「イエス」だ。
また一から出直さなければ！

責任

旅人は自分の部屋に上がった。一人になることが必要だった。考える時間も。

推論のこの段階で、それ以上の分析は無意味だった。

どれだけ自分の責任を減らそうとしても、結局は責任の一端を認めざるを得なかった。おまけに、その責任は重大だ。

その子供が今病院にいるのは、自分が出展者を押したこと、それも過剰な力で押してしまったことが原因だった。

ほかの関係者にいくら責任を転嫁できたとしても、起きたことに対する責任から完全に逃れることはできない。

この悔やまれる出来事によって、どんな状況にも原因があり、どんな行動も結果を伴うことを、旅人は痛感した。

それからすぐに、老人に知らせた上で、彼は病院に向かった。

心配でたまらなかった。自制心を失ったほんの一瞬が、最悪の事態につながるかもしれなかった……。

病院

旅人は、病院の救急科に到着するとすぐに、混雑した待合室にいる子供の両親を見つけた。

そこに子供の姿が見えないことに不安が募った。

まず本能的に、両親を避けたいと思った。彼にとっては非常に気まずい状況であり、それはまったく無理もないことだった。

旅人はついに両親に声をかける決心をした。義務から逃れるのは不可能だった。

子供の父親としばらく話をして、改めて謝罪した。母親は隣に座っていた。心配するあまり、涙で目が曇っていた。

容態は思わしくないと旅人は聞かされた。めまいがしていたという。子供は精密検査を受けているところだった。

両親が医者に呼ばれると、旅人は待合室に一人取り残された。

待っている時間が果てしなく長く感じられた。ひどく汗をかいた。

何かの事故の犠牲者が旅人の前を通り過ぎた。衝撃的な光景だった。

旅人は、人のあらゆる苦しみに同情を寄せ、健康であることのありがたさを実感した。

これからは、不平を言う前によく考えようと心に誓った。


さらにしばらく待った後、子供の両親が戻ってきた。旅人はすぐさま子供の容態を尋ねた。

医師からの説明によれば、検査で特に異常は見つからなかったという。

子供は脳震盪を起こしていたが、深刻な状態ではないと診断された。用心のために、あと数時間様子を見るらしい。

旅人は子供と面会できないか尋ねたが、医師の許可が下りないとのことだった。旅人は待つしかなかった。

子供に会えずがっかりしたが、深刻な状態ではないと聞き、胸をなで下ろした。生き返った思いがした。その子はきっと切り抜けるだろう。そして、自分自身も。

しかし同時に、事態はもっと悪くなり得たということが、まだ頭から離れなかった。

この一件から学ぶべき基本的な教訓があった。

次回は——もちろん次回はないに越したことはないが——被害者の状態がよくないこともあり得る。自分自身の状態も。

病院を出る前、旅人は、子供の両親にまた連絡すると伝えた。どうしても、もう一度その子供に会いたかった。

旅人は子供の両親に、ラッキー・スター・インをぜひ訪れてほしいと改めて伝えた。今度は、「一杯」サービスするためではなく、自分と妻が同席してのディナーへの招待だ。その機会に妻と再び宿を訪れ、杖をついた老人もディナーに招くつもりだ。

旅人は老人に相談し、その子供と家族にも、ワイヤー上でバランスを取る喜びを伝える許しを得たいと思っていた。あの楽屋で。

旅人は、人生が与えてくれたすべてのことに感謝していた。今度はそのお返しをする番だ。

これから先も、何らかの形でこの家族とつながりを持ち続けるだろう。否が応でも、そこには運命が介在していた。

宿に戻ると、旅人は老人に状況を報告した。

ほどなくして、旅人は一日の出来事を農業祭の始まりから振り返り、心に残ったことをノートに書き留めた。

バランスの法則を守る！

交渉では、常に最適な合意、
つまり、バランスを共有する合意を目指す

交渉以外では、互いに譲り合う
損得勘定はしない

自分のあるべき立場をわきまえて
自分をあるがままに受け入れる
他人をあるがままに受け入れる

自分の意図、決断、行動から起こり得る結果に目を向ける
そして、その全責任を負う

永続的なバランス？

杖をついた老人に、近々宿を離れ、家族の待つ家へ戻ることを告げたとき、旅人は複雑な気持ちになった。

「あなたは僕に、大切なことをたくさん教えてくださいました。こんなに短い間に！」と旅人は言った。その言葉には、万感の思いが込められていた。

「私が大切なことを教えたのでしょうか、あなたが自分の中にそれを見つけたのでしょうか？」と杖をついた老人は問いかけた。

「半々だと思います。バランスの問題です！」と旅人は答えた。

「道のりの半分は師が導き、あとの半分は弟子が自らの足で歩いた、ということでしょう

か」

老人はほほ笑んだ。自分の「生徒」が、宿に到着して以来ついに、バランスの基本法則を身につけ、心穏やかな境地に至ったと感じた。

「あなたとこうして一直線に並ぶことができて嬉しいです！」

「ところで、もう一つ知りたいことがあるのですが」と旅人は真剣な口調で言った。

「ワイヤー上で、ずっとバランスを保ち続けることはできますか？　言い換えれば、人生に永続的なバランスというものは存在しますか？」

「いつそれを聞かれるのかと思っていました」と老人は言った。

「永続的なバランスなど存在しません。理由は至って簡単です。永続的なものなど何一つないからです。したがって、ほかのあらゆるものと同様、バランスは一瞬一瞬に存在するのです」

「永続的なバランスを期待できないというのは、少々残念ですね」とやや不満げに旅人は言った。

「バランスを取るために必要な労力を考えれば！」

「最近の経験からもおわかりの通り、アンバランスにも効用はあります。アンバランスは、バランスのメリットを再認識させてくれます。何かを失ったときに、そのありがたさが身にしみるというのが人の常ですから」と老人は言った。

「あるいは、何かを手に入れるのに苦労したとき、ですね」と旅人は付け加えた。

「その通りです」と老人は言った。「バランスの取れた状態はメリットが大きく刺激的なので、一度経験すると、それなしでは生きていけません」

「それは僕が証明します！」と旅人は言った。

「こんなに素晴らしい気分は味わったことがありません。周りの人たちの役に立つことさえできそうな気がします。新しい感覚です」

「それを聞けてとても嬉しいです。あなたは必ず人を助けると信じていますよ」。そう言いつつも、現実を忘れないように、老人は一つ警告を与えた。

「ただし、中には本能的にアンバランスに引きつけられる人もいることを忘れないでください。そういう人たちはバランスを求めていないような印象を受けます」

「意識的にバランスを求めないことなどあり得るのですか？」旅人は驚いて尋ねた。

「それは普通のことですか？」

「普通とは何でしょう？」と老人は返した。

「自分たちが普通だと思っていることも、人から見れば普通ではないかもしれません。『普通』が国や時代、文化などによって異なるのは言うまでもありません」

「ええ、それにしても！」と旅人は叫んだ。

「ここで学んだことを抜きにしてやっていくなど、到底できません。僕の中では、という意味ですが」

「その通りです。ここであなたが見つけたことは、あなたの中で見つける必要があったことですから」と老人は言った。

「確かにそうです。おまけに、僕はそれを見つけられて運がよかった。誰もがそういう機会に恵まれるわけではありませんから」

「その通りですよ。理解してくださって嬉しいです」と老人は言った。

「だからこそ、僕が手を貸すことで、ほかの人たちにもそのメリットを享受してほしいんです」と旅人は明言した。

老人は彼のことを褒めた後、一呼吸置いて、真剣な口調で付け加えた。

「私たちには生まれつき、状況次第で、バランスに傾いたりアンバランスに傾いたりする傾向があることを忘れてはいけません」

「ということは、僕たちはみんな不安定だと？」旅人は自分の理解が間違っていないか不安を感じて尋ねた。

「もちろん、私たちは不安定です！」と老人は答えた。

「私たち全員です。バランス自体が不安定で移ろいやすいものですからね」


旅人は一瞬沈黙した後で、さらに尋ねた。

「そして、アンバランスは僕たちをもっと不安定にするんですね？」

「まさしくその通りです。だからこそ、アンバランスに傾く傾向は、最悪の事態とまでいかなくとも、大きな危険を招くおそれがあるのです」

「では、最悪の事態を避けるために、その傾向をコントロールするにはどうすればよいですか？　超えてはいけないリミットはありますか？」と旅人は尋ねた。

「それは、程度の問題であり、個人的な問題です」と老人は答えた。

- 程度の問題であるのは、過度なアンバランスが最悪の事態につながるからです。そうなれば、ワイヤーに戻る手立てはありません。
- 個人的な問題であるのは、私たちの誰もが、教育、能力、志などによる程度の差はあれ、人生にバランスを求めるからです。

綱渡り師の体内バランス

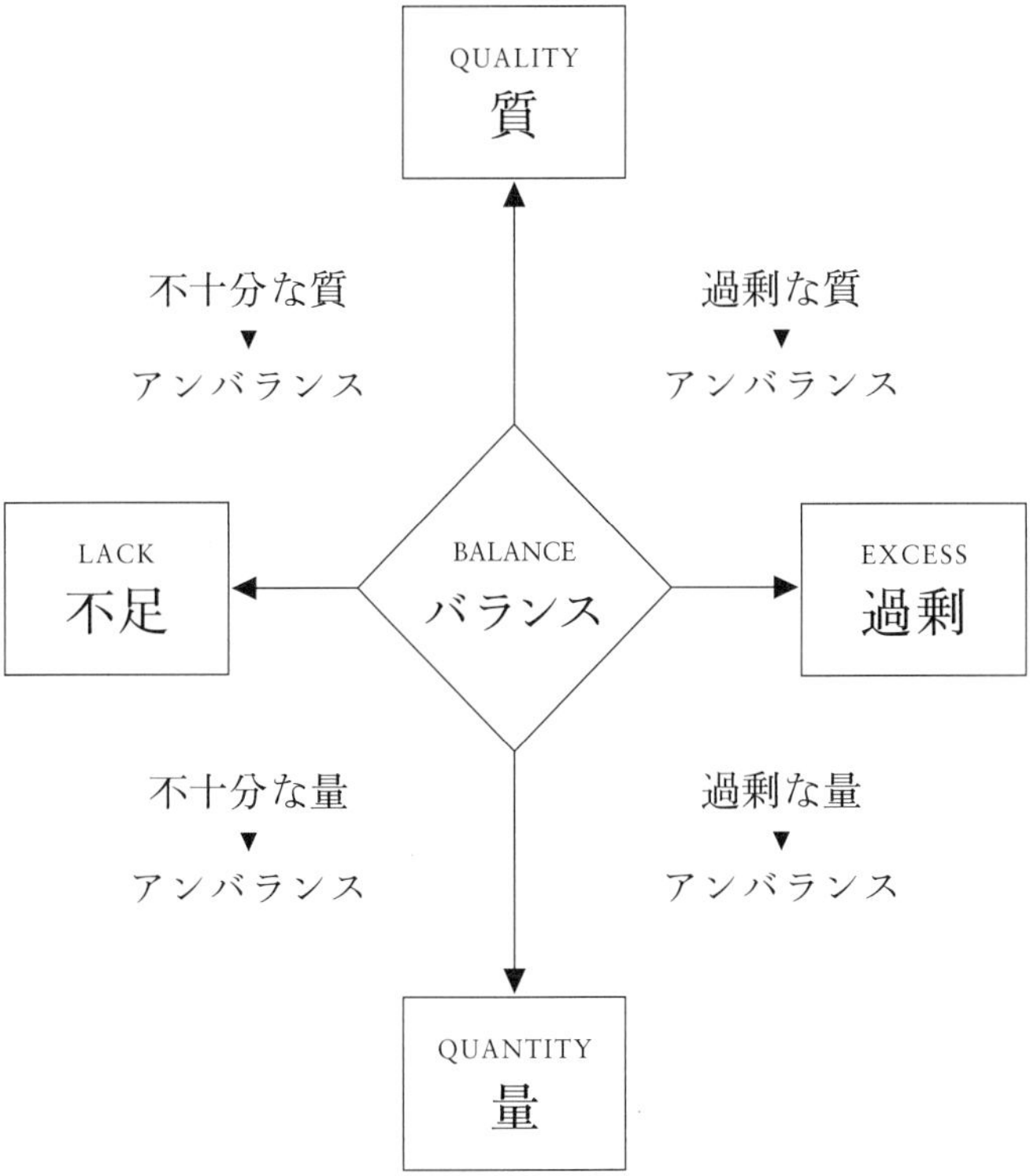

例を示すため、老人は杖を置き、かばんから1枚の紙を取り出して、二つの図を描いた。

最初の図は、程度の問題に関するものだった。

体内バランスの図を指して、老人は言った。

「バランスとアンバランスの評価はすべて、量か質かという観点と、過剰か不足かという観点から行うことができます。一般的な食物の例で見ていきましょう」

下段の二つの区分を指して、老人は言った。

「左側は、食物の摂取量が不十分であると、アンバランスが生じることを示唆しています。過度にアンバランスな状態になると、最終的に栄養不足に陥り、くる病（訳注：ビタミンD欠乏によって生じる、骨変形・成長障害などを伴う疾患）を発症します」

「右側は、食物の摂取量が過剰であると、やはりアンバランスが生じることを示唆しています。過度にアンバランスな状態になると、最終的に肥満につながります」

老人は、まったく同じ理屈が質にも当てはまると断言した。さらには、人生のあらゆる領域に、例外なく当てはまると語った。

二つ目の図は、個人的な問題に関するものだった。

綱渡り師の習慣

綱渡り師の習慣

＝

バランスを目指す

＋

あらゆるアンバランスの種を摘み取る

＋

バランスを生み出すことに集中して行動する

＋

自分自身のバランス感覚という最高の指針を活用する

老人は続けてこう指摘した。

「私たちは人生のあらゆる場面で、自分の身に起きていることに自然に反応します。その反応の結果、意識するしないにかかわらず、バランスやアンバランスを生じます。バランスと幸福を手に入れることを目指すなら、この自然な反応をコントロールしなければなりません。反応をバランスの方向に向けるのです。そのためには、綱渡り師の習慣を身につける必要があります。ごらんの通り、この習慣は、バランスに関する四つの主要な行動の結果です」

「僕の理解が正しければ、バランスは習慣にできる、ということですか？」と旅人は尋ねた。

「まったくその通りです。あなたがここで身につけた事柄すべての根底にこの習慣があります」

「では、自分がバランスと幸福を生み出しているのか、あるいは、アンバランスと不幸を生み出しているのか、どうすればわかりますか？」

「まさにそこが問題です」と老人は言った。

「図の最後の部分が示す通り、あなたのバランス感覚が指針となります」

「ここでいうバランス感覚とは何ですか？」と旅人が尋ねた。

「私たちは考えたり行動したりするたびに、それが自分自身に合っているかそうでないかをそれとなく感じます。自分にしかわからない微妙な体内感覚です。単純化しすぎだと思われるかもしれませんが、自分自身と向き合って、次のどちらの状態にあるか判断するのです。

1. 自分自身と合っていないため、バランスが崩れ、しっくりこない。これは、綱渡り師の習慣がまだ身についていないか、取り戻せていないことを意味します。

2. あるいは、自分自身と合っていて、しっくりくる。これは、正しい習慣、すなわち綱渡り師の習慣が身についている証です。そのため、この習慣を存分に生かすことができます。でも気をつけてください。まだ十分な注意が必要です……」

「永続的なものなど何一つないですからね！」と旅人は興奮して言った。

「それに、逆方向に傾いて、バランスが崩れるリスクもあります」

「あまりにも楽にバランスの取れた状態になることにも気をつけてください。バランスがルーティンに陥るリスクがあります！　ルーティンによって、アンバランスに陥る大きなリスクもありますから」と老人は結んだ。

宇宙のバランスの法則

バランスが人間の抱える問題の中心にあるのは事実だ。人間の抱えるあらゆる問題の中心にバランスがある。杖をついた老人は、それを驚くほど単純化して説明した。ただし、その単純化の方法は、このきわめて繊細なテーマ固有の複雑性を忘れさせるものではない。この説明がなければ、旅人はバランスに関わるニュアンスや機微を実感できなかっただろう。

つまるところ、バランスを生み出すのは、たやすいのか、難しいのか？　まさに難問だ。たぶんどちらとも言えるのだろう。

綱渡り師の体内バランスと習慣は、宿に来てからずっと考え続けてきた数々の疑問への明確な答えを旅人に与えた。

綱渡り師の流儀に不可欠なツールとして、これらの原則がどう役立つのかを老人は説明した。

旅人は、自分がこの哲学を共有して、宇宙のバランスに自分なりの貢献を果たすところを想像できた。

このバランスへのアプローチを徹底的に掘り下げ、そのすべての側面を理解する必要があった。

「一個人が、宇宙のバランスにどのような影響を与えられるのでしょう？」旅人は老人に尋ねた。

「結局、たいした影響は与えられないのでは……」

「謙虚さはあなたのよいところです」と老人は言った。

「確かに、あなたは正しい。宇宙全体への影響で見れば、私たちの力は大きくありません。ですが、宇宙はそれを構成する要素が集まって初めて存在します。この宇宙の構成要素として、私たち一人ひとりが不可欠な存在なのです。ですから、その影響は決して無視できません」

「励みになりますね」と旅人は述べた。

「励みにもなりますし、不安にもなります」と老人は返した。

「なぜですか？」

「自分のバランスを崩すようなことをすれば、宇宙のバランスを崩すことになるからです」

「確かに、不安になりますね」

「同様に」と老人は続けた。

「宇宙のバランスを崩すようなことをすれば、何らかの形で、自分のバランスを崩すことにもなります。それを肝に銘じなければいけません」

「同じくらい、不安になりますね」と、ぼうぜんとした表情で旅人は言った。

「一方、自分のバランスを保つことができれば、宇宙のバランスに貢献できます。また、宇宙のバランスに貢献すれば、自分自身のバランスにも役立ちます」と老人は言った。

「今度は、二重の励みになります」

「バランスとアンバランスのこうした関係は、宇宙のバランスの法則と呼ばれるものに左右されます」と老人は指摘した。

「反論できないロジックを持つ法則のようですね」と旅人は付け加えた。

「確かに、反論できません。私たちの美しい宇宙を象徴する法則ですから」と老人は言った。

「しかしその一方で、なぜこの世は争いに満ちているのでしょうか？」と旅人は尋ねた。

「宇宙にバランスをもたらすために、一個人として何ができるのかを知りたいんです。宇宙にはもっとバランスが必要ですし、僕自身にもバランスが必要ですから」

「争いは人生につきものです。好むと好まざるとにかかわらず、その事実を受け入れなければなりません。とはいえ、物事を前へ進めるためには、三つのレベルのバランスを常に同時に意識しながら行動する必要があります」

「三つのレベルのバランスとは何ですか？」旅人は尋ねた。

「第一のレベルは、個人のバランスです。私たちは皆、自分自身を大切にしなければなりません。それは、自尊心を持って成長すること、自分を知り、極め、肯定することを意味します。そうすることで、バランスと自信が培われるのです」

「なるほど。それだけでかなりの大仕事ですね」と旅人は言った。

「第二のレベルは何ですか？」

「対人バランスです。人間関係は、最も貴重な財産の一つです。しかし、往々にして、人はその扱いを誤って苦しみます。それに気づかないことさえあります。たとえば、他人を苦しめれば、相手の心を乱すばかりか、当然の成り行きとして、宇宙の調和も乱し、結局は自分の心も乱します。すべての関係をポジティブな意志と精神で育むことが重要です」

旅人は、この考え方を自分の境遇にどう当てはめればよいか思案した。

再び、元上司のことを考えた。その上司との関係が不快になるほど悪化した経緯が、解雇の前触れであったことに、彼は次第に気づき始めた。解雇は、気づかぬうちにひそかに進行していた長いプロセスの当然の結果にすぎない。彼はそう悟った。

「この考え方を直接的な人間関係に広げるならば、すべての人々を結びつける世界的連帯を意識することが重要になります」と老人は言った。

「どういうことですか？」旅人は尋ねた。

「私たちは知らないうちに、地球の裏側の人々や組織による思いやりのある行動から恩恵を受けます。逆に、やはり知らないうちに、そうした人々や組織が犯した悪行が原因で損害を被るのです」

「例を挙げてもらえますか？」

「遠い国の水域に有害化学物質が排出されたと考えてみましょう。相当時間がたってから、原因と結果の法則によって、私たちの食物や健康にもその影響が間違いなく及びます。一部が汚染されれば、全体の健全性は決して保てません。どんな形態でも、どれだけ距離が離れていても、汚染は最終的に何らかの形で私たちに影響を及ぼします。これがバランスの基本法則の一つです」

旅人はまだじっと考え込んでいた。

しばらくして、彼は第三のレベルが何を指すのか質問した。

「第三のレベルは、個人と宇宙とのバランスです」と老人は明らかにした。

「このバランスは、人間、動物、植物など、生態系を構成する生きとし生けるものに敬意を払い、保護することで培われます」

杖をついた老人の話を聞きながら、バランスに重大な脅威を与える人間の振る舞いを、何度目にしてきただろうかと考えた。依存、放蕩、高慢、嫉妬、煩悩、臆病、権力欲、強欲、破壊性などに関わるこの種の振る舞いは、数え上げればきりがない。抑えきれない負の力をあまりにも頻繁にまき散らす人間の無責任ぶりは目に余るものがあった。

老人は、紙の裏側に自らの理論を簡単にまとめ、旅人に手渡した。

- 第一のレベル：個人のバランス
- 第二のレベル：対人バランス
- 第三のレベル：宇宙のバランス

それから、老人は初めて、旅人のノートに自分の考えを書き込みたいと身振りで示した。旅人はその提案に心を動かされ、喜んでノートを差し出した。彼の新しい行動規範となるノートだ。

老人がしたためた言葉は、信頼と友情と激励のメッセージであるとともに、献辞のようでもあった。

調和を育む!

自尊心を持って、まずは自らの成長に力を注ぐ

自信をつけながら、

自信を呼び覚ます

他人を尊重する

できるだけ他人の成長を助ける
すべての関係を大切に育む

生きとし生けるものを尊重する
環境を守る
環境の持続的発展を支える

最後に、綱渡り師の流儀を共有し、
世界の平和と幸福に貢献する

別れ

杖をついた老人は、旅人の肩に優しく思いやりを込めて手を置き、「……のノート」と表紙に書かれたノートを返した。

旅人は、その点線の上に文字を書き込み、タイトルを完成させた。

綱渡り師のノート。

最初は、そこに自分の名前を書くつもりだった。

だが、そうこうするうちに、綱渡り師の称号を得た！　最初に宿に到着して以来、彼は大きな進歩を遂げていた。

それから二人は、噴水の周りを歩きながら話し続けた。

旅人は老人の杖をじっと見つめた。精巧に施された彫刻がこの細い杖に美しさと調和を与えていることに、今まで気づかなかった。その杖はバランスの取れた逸品だった！

旅人はじっと考え続けていた。頭の中で、まだ何かバランスが崩れたままだった。

杖をついた老人からたくさんのことを学んだが、本人についてはあまり聞いてこなかった。老人への配慮と敬意から、私生活を詮索するのは気が進まなかった。

だが一方で、彼自身のことは老人に打ち明けていた。

旅人はバランスを回復する必要があると感じ、思い切ってこう切り出した。

「最初に楽屋へ行ったとき、あなたにプロの綱渡り師だったのかとお尋ねしましたね」

「覚えていますよ」と老人は言った。

「あなたは、違う、とおっしゃった」

「それも覚えています」と老人は答えた。

「実際は、どんな職種の仕事をされていたのか、お聞きして構いませんか？」

「ようやくその質問をされましたね」と老人は言った。

そして、謎をかけるように、こう続けた。

「厳格さについて話をしたとき、なぜ人は、なかなか物事を正しく進められないのか、と奥様が質問したのを覚えていますか？」

旅人は数秒間考えて、

「はい、覚えています」と答えた。

「そのときに、私が例として、火が完全に消える前に火から離れてもいいと消防士に言うわけにはいかない、と言ったことも覚えていますか？」と老人は尋ねた。

「ええ、はい」と旅人は答えた。

突然、彼の頭の中ですべてがつながった。

森の近くで、グループにたき火について注意したときの老人の話しぶりを思い出した。その後に老人が言った「火遊びはいけませんよ！」という言葉も。

「あなたは、消防士だったんですね！」旅人は弾んだ声で叫んだ。

老人はかすかにほほ笑んだ。

「はい、実は消防士でした。光栄なことに、仕事人生の大半を消防署長として過ごしました」

「たくさん火を消してこられたんですね！」と旅人は言った。

「私たちの任務は、火災関連の仕事だけではありませんでしたが」と老人は言った。

「しかし、ある意味、あなたは正しい。私は火を消すことに人生を捧げてきました。文字通りにも、比喩的にも……」。老人は例のごとく、余韻を残すような言い方をした。

達成感を得ることができた。

誇らしさと、喜びと、感動を覚えた。

人命救助に身を捧げてきたこの人と出会えて、自分はなんて幸運なのだろう！

彼は思った。この幸運を得た理由はただ一つ、運が向いたときに、それを自分でつかみ取ったからだ！

初めて老人にワイヤーに乗るよう促されたとき、それを一蹴して、踵《きびす》を返し、家へ帰ることもできた。もしそうしていたら、ここで起きたことは決して起こり得なかった……。

そう考えるとぞっとした。結局、人生はなるようになるのだ、と彼は独り言を言った。

逆境のどん底で、思いがけず老人と出会った。

逆境？

いや、その正反対。千載一遇の好機だった！

旅人は荷物をまとめ、支払いを済ませた。

車に乗り込む前に、老人を強く抱きしめた。

そして、出発した。

変化の後

Scene 3

旅人

旅人は何時間もぶっ通しで車を走らせていた。日が落ちて、気温が下がりつつあった。いつだったか、ぼんやりとした表情で、特に行く当てもなく、延々と続く車道を見つめていたことを思い出した。

何か一つの考えに集中しようとしたが、無駄だったことを思い出した。

そして、ついには心にぽっかり穴が空いて、アスファルト以外には何も感じられなかったことを思い出した。

すべてがワイヤー一本でつながっていた。

瞬間と永遠に隔てられ、過去と現在が一つになった。

同じ道だったが、まるで違って見えた。

道が変化したのだろうか、それとも、彼が変化したのだろうか？

旅人は、自分が進んできた道のりを意識し始めていた。

何よりも、自分の中で生じた変化に気がついた。自分の身に起きたことの原因をほかに求めなくなったのだ。

彼は自分の中に答えを見つけるようになっていた。視点が変わっていた。すべてが変わっていた。

深く感動しながら、でも穏やかに、杖をついた老人のことを思った。老人は、人のために生きてきた。そして、今でもそれを続けている。

老人のことを考えるだけで、旅人はバランス感覚を得られた。

自宅に戻って、彼は多くの時間を家族と共に過ごした。

家族は彼にバランスを与え、彼は家族にバランスを与えた。

彼の妻は、生まれ変わった夫と過ごす一瞬一瞬を大切にした。

ラッキー・スター・インで再発見した夫との時間を。

子供たちは、父親が前より元気で生き生きしていることに気づいた。

また、父親の態度がかなり変化したことにも気がついた。人として成長したように思えた。

元気になったおかげで、彼の人生はあらゆる面で好転し、驚くような成果が次々と現れた。

たとえば、予想よりはるかに早く新しい仕事が見つかった。しかも素晴らしい仕事だった。

仕事内容も、考えていたよりはるかにやりがいがあった。しかもやりがいは増すばかりだった。

彼は新しい会社に多大な貢献を果たし、会社からも多くを得た。同僚からは尊敬され、高く評価された。

これまでの人生に欠けていた、周囲との調和を感じることができた。

その調和は彼のためになり、周りのみんなのためにもなった。

絶妙なバランスが取れていた。美しいバランスだった。

時がたって

Scene 4

原点に返る

旅人と妻は、杖をついた老人と定期的に連絡を取り合った。

計画通り、それからほどなくして、農業祭でけがをさせた子供とその両親、そして老人を招待した集まりのために、夫婦は宿を再訪した。企画は大成功で、その子は初めて綱渡りに挑戦し、ワイヤーの上を数歩歩いた。

その後、夫婦は毎年欠かさず、老人に手紙と贈り物を送った。贈り物は、夫婦で厳選した本が多かった。それは、分かち合いと、喜びと、情愛に満ちた時間だった。

老人はその手紙に対し、必ず時間をかけて丁寧な返事を書いた。老人の優雅な文体は、深い思慮から生まれたものだった。

ある年、老人から次のメッセージが送られてきた。

「綱渡り師は、いずれまた落下して、そのたびに立ち上がる方法を学べることを、経験を通して知っている」

そのメッセージを読んで、彼の頭に数々の思い出がよみがえった。ラッキー・スター・イン、庭の噴水、楽屋、山小屋、湖、老人の書斎、山、小高い丘、農業祭、植物園、病院……。

自分の変化に関わった象徴的な場所や物がたくさんあった。目に涙がにじんだ。

彼は妻と相談して、老人のメッセージを子供たちに読み聞かせ、そこから自分なりの意味を引き出させてみようと決めた。

バランスは実際、よく家族の話題に上るトピックだった。

その年のホリデーシーズン中、なぜか彼の思いはずっと杖をついた老人に向かっていた。何としても老人に再会しなければならなかった。

子供たちを老人に紹介する喜びを想像し、サプライズで訪問しようと決めた。

実際、そこには別のサプライズが待っていたのだが……。

旅人は宿に滞在した当時のことをよく振り返ったが、一つやり残した仕事を思い出した。やりかけて投げ出した畑の農作業だ。畑を耕しても自分磨きなどできないと老人に文句を言ったことを思い出した。

なんという思い違いをしていたのだろう!

その作業をやり終えようと、強く心に誓った。

ほどなくして、旅人と家族はラッキー・スター・インの前に立っていた。

友との再会が待ち遠しかった。

ドアをノックした。すると、一人の中年男性が愛想よく出迎えた。

旅人は、ほほ笑んで挨拶を返した。彼は自己紹介をして、杖をついた老人に会いたいと伝えた。

そのとき、老人が先日亡くなったと聞かされた。ホリデーシーズンのさなかのことだった。

旅人は打ちのめされた。

虫の知らせがあったではないか？

旅人はしばらく一人になるために、家族と中年男性にいとまを告げて、その場を離れた。衝撃的な知らせを聞き、彼は深い悲しみに沈んだ。

遅すぎた。かけがえのない友にもう二度と会うことはできない。そう思うと、喪失感と虚無感に襲われた。

老人がいないことが、たまらなく寂しかった。

そして同時に、老人の遺志を継いで、バランスの大切さを伝えていかなければならないと感じた。それは、世界に対する大きな責任でもあった。


やがて彼は、家族と中年男性のところへ戻った。

その男性は、杖をついた老人の息子だと明かした。男性は旅人と家族に、宿に泊まって夕食を一緒に取りませんかと提案した。

彼らは共に食卓を囲み、老人との思い出を語り合った。旅人の家族は、尊敬の念を抱きながら、注意深く、興味を持って話を聞いた。

老人の息子は父親とはまるで違っていたが、バランスに関しては同様の印象を醸し出していることに、旅人は気がついた。

夕食後、老人の息子と旅人は、老人のオフィスで、しばらく二人だけで話をした。

「父は、あなたを絶賛していました」と老人の息子は旅人に言った。

「僕も、お父様を深く敬愛していました」と旅人は感動して応じた。

「いつかあなたが戻ってこられると、父は信じていました」と老人の息子は続けた。

「亡くなる少し前に、その時が来たらあなたにこれをお渡しするようにと、父から言付かりました」

老人の息子は棚に近づき、見事な消防士のヘルメットを慎重に取り出して、旅人にそっと手渡した。

旅人は言葉を失って立ち尽くした。

「このヘルメットは父のものです」と老人の息子は言った。

「消防士人生を通して、このヘルメットが父を守りました。父はこれをたいそう気に入っていて、数多くの現場で身につけていました」

「そんな、僕には受け取れません……!」旅人は当惑して言った。

老人の息子は首を横に振った。

「父が望んだことです。本当は、自分の手でこれをあなたに渡したかったのだと思います。残念ながら、それはかないませんでしたが」

旅人はまだ口がきけなかった。老人の心遣いに深い感動を覚えた。老人の息子の親切で寛大な姿勢にも心を打たれた。

「私にとって、父はバランスの体現者でした」と老人の息子は言った。

「数年前、相当悩んだ末に、バランスをどう定義するか父に尋ねました」

「お父様は何と？」旅人は興味をそそられて尋ねた。

「父はこう言いました。


――バランスは、際限なく生じては調整されるアンバランスの間で、絶えず繰り返される動きだ。

それは、対立するエネルギーと、相反しながらも結局は補完し合う力同士の相互作用による、正反対のもの同士の調和であり、きわめて緻密な融合なのだ。――


さらに父は、引力と斥力の関係のように、作用があれば反作用があると説明し、バランスなくして、人生も、進歩も、調和もない、と語りました。

バランスにできるだけ身を任せろ。そうすれば、バランスが体中に行き渡って『宇宙』を感じられる、と父からよく言い聞かされたのを思い出します」と老人の息子は言った。

「ある会話の中で、バランスは変化しないものではなく、動きの中で生じるものだとお父様は指摘されました」と旅人は付け加えた。

「まったくです」と老人の息子は言った。

「それは中心の周りで揺れ動く振り子のようなものです。私たち一人ひとりの中に、大きさが等しく向きが反対の互いに拮抗する力があります。一方はポジティブで、発展的な、理想志向の力、他方はネガティブで、受容的な、現実志向の力です。そのどちらも、補完し合う力の働きに欠かせません」

「こちらに滞在し、時間をかけて訓練を重ねた結果、バランスが極端とは両立しないことがわかりました。バランスとは、つまり『中道』であること、たとえば、善と悪を対立させても意味がなく、善悪は互いの関係性の中でのみ存在するということも理解できました」

「まさしくその通りです。バランスは、マニ教のように二元論的な概念ではありません！」と老人の息子は大きな声で言った。

「最終的に、父が自分のバランス観を私にどう教えたかおわかりになりますか？」

「いいえ。ぜひ聞かせてください……」と旅人は言った。

「誰の心にもいる綱渡り師が、ワイヤーの高さから落下するのを恐れなくなったとき、バランスが生まれる。綱渡り師は満腹と同様に空腹にも実体がないと知っているからだ、と父は説明しました」

「お父様は何が言いたかったのだと思いますか？」と旅人は尋ねた。

「つまり、真のバランスは執着しないことによって生まれると父は言いたかったのだと思います。父は時折、任務中に目の当たりにした人間の悲劇について語りました。父は物事をバランスの取れた見方で捉える姿勢を身につけていて、その姿勢が私に指針と刺激を与えてくれたのです……」

「その姿勢を身につけるには、一生かかるかもしれませんね」と旅人は言った。

「間違いありません！」と老人の息子は応じた。

「いまわの際に、人生最高の成果は何かと父に尋ねたことを思い出します。父は、モンテーニュの言葉を引用してこう言いました」


「息子よ、私は少しだけ善い行いをした。

それが私の最高の仕事だ」


老人の息子は、そのときのことを思い出し、目に涙を浮かべた。

旅人は彼を見つめながら、思いやりを込めて肩に手を置いた。その表情は多くを物語っていた。

ほどなくして、旅人は、そろそろ発たなければならないと告げた。

「温かく迎えていただきありがとうございました。大変親切にしてくださって、あなたのおもてなしに家族一同心から感謝します」

「それが私にできるせめてものことですから」と老人の息子は言った。

「お忙しい中、お越しいただいてありがとうございました。父ともどもお礼を申し上げます……」

「いいえ、僕はここに戻ってこなければならなかったんです」と旅人は言った。

「あなたにお会いできてよかった。改めてお父様からの贈り物に深く感謝します。とても心に響きました。これが僕にとってどれほど大きな意味を持つか、あなたにはおわかりだと思います。自宅で飾る場所も、すでに決めてありますから……」

二人は、もうしばらく会話を続けた。老人の息子も家庭を持ったばかりで、また近いうちにお互いの家族全員で集まることを約束した。

旅人は、妻と子供たちのところへ戻った。

彼らは車に乗り込んで出発した。

また、再び、道の上へ。

Epilogue

物語の後で

彼女は動かなかった。身じろぎ一つしなかった。黙って椅子に座ったまま、ただただ圧倒されていた。

ランチタイムはとうに終わっていた。時間がないと口にしたことを忘れたわけではなかったが……。

綱渡り師の物語は、世界がひっくり返るような衝撃を彼女に与えた。話はすべて終わった。補足されることは何もなかった。

その物語は、いつの間にか、彼女自身の物語になっていた。どの時点からかははっきりしないが、そんなことはどうでもよかった。ただ、綱渡り師の物語を完全に自分の物語として聞いていたことは事実だった。

彼女はじっと考え込んだ。

同僚にその話を聞かせてほしいと頼んだとき、話すと長くなると忠告された。その時点で断り、礼を言ってその場を立ち去り、仕事の続きに取り掛かることもできた。

いつものように。

本当のところ、実にタイミングが悪かった。緊急プロジェクトに関わっていたからだ。

そのプロジェクトは、やはり緊急扱いだった前回のプロジェクトの続編だった。

さらには、上司から指名されたばかりの新たな緊急プロジェクトが、すぐ後に控えていた。


それを考えたとき、自分の仕事の何もかもが緊急だと気がついた。自分の仕事？　いや、違う。自分の人生の何もかもだ。

実際、緊急度は増す一方だった。明日になれば、さらに拍車がかかるのは間違いない。そうに決まっている。

そのうち体がついていかなくなるだろう。走りっぱなしでは、いつか倒れてしまう。

疲労が重なっていた彼女は、先日、今まで経験したことのない健康問題を医師に相談した。その問題は彼女を悩ませ始めていた。

実のところ、同僚数名が、最近行われた部門再編を理由に会社を辞めていた。その欠員は補充されず、今後も補充の見込みはない。

数件のプロジェクトの作業量に変化はなかったが、それ以外のプロジェクトでは作業量が急増していた。かつての二人分の作業を一人でこなしていることに彼女は気づいていた。新しい仕事を任されると、自分が高く評価され、組織内での立場が上がったように感じることもあった。少なくとも自分ではそう思っていた。しかし普段は、決まった時間内に多様な要求に対処するには力不足で、完全に追い詰められていた。

こんな状態で、どうして職業人としての自分の力を最大限に発揮できるというのか？　妻、母、友、スポーツウーマン、コミュニティの一員としての力などは言うまでもない……。

彼女はプレッシャーに押しつぶされそうだった。知らない間に、危険なアンバランス状態に陥り、次第に落下しつつあることをようやく自覚した。

だが、限界はどこなのだろう？　限界を決めるのは、緊急度か？　上司か？

あるいは、会社か、競合他社か、市場か……？

挙げていけばきりがない。挙げたところで意味もない。

彼女は自分に言い聞かせた。本当に重要なのは、自分自身の限界がどこなのかを知ることだ。

綱渡り師の物語に聞き入りながら、自分の限界を絶えず押し上げなければならないことを痛感した。後退しないために、そして何より、今日より明日をよくするために。

だが、バランスを犠牲にしてまで、限界を押し上げることはできないし、すべきではないこともわかった。いかなるバランスも犠牲にしてはならないのだ。

バランスが生死に関わる問題になるときが必ず来る。すぐに来るかもしれない。

周囲のいたるところに、競争社会の計り知れない影響が出ていた。

誰もが苦しんでいる。本人も、夫婦も、子供も、家族も、間接的に友人も、社会全体も。

彼女は思った。多くの価値観が、無力な自分の目の前で崩壊しようとしている。自分はいかにも無力だ……と。

自分がストレスをため込み、モチベーションを失い、追い詰められている理由がようやくわかった。


とにかく、このままでは状況は好転しない。それははっきりしている。

綱渡り師の物語を聞くまでは、心にぽっかり穴が空いていた。

この驚くべき内面の変化の物語――綱渡り師に生まれ変わる旅人の物語――を聞くことになった経緯を、彼女は改めて振り返った。

そして、会議の後、同僚を追いかけて声をかけた理由を考えた。彼女はめったにそんな

ことはしなかった。

普段はランチを抜いているのになぜ。それは、彼と一緒にランチを取るためだった。

そして、彼の話を聞くためだった。

最後に、その場ですぐに、人生に関する重要な疑問を自分に問いかけるためだった。それは、ここ数年間で自分に問いかけた疑問の中で、最も基本的な疑問であるのは間違いない、と彼女は思った。

偶然だろうか？

それはどうでもいい。偶然であろうとなかろうと、彼女はここにとどまって、綱渡り師の物語をちゃんと最後まで聞く決断をしたのだ。

合理的な説明はつかない。ただ、そうしたのであり、それでよかったのだ。

彼女は輝く瞳で同僚を見た。その瞳には、感動と感謝の気持ちが込められていた。そして、貴重な贈り物をくれたことに、心からの感謝を伝えた。

人生のこの時点で聞いた綱渡り師の物語は、金《ゴールド》以上の価値があった。その物語は、彼女の疑問に答えをくれた。

綱渡り師の哲学をほかの人にも教えようと、彼女は自然に決意した。まずは夫から始めよう。話を聞いた人たちは、その教訓を大いに生かせるはずだ。

同僚は、彼女の決意を聞いてとても喜んだ。

それが自分にできるせめてものことだと彼女は思った。こういう贈り物は共有すべきだ。

突然、彼女は携帯電話に目を向けた。

何件メッセージが入っているのだろう？　何件メールが来ているのだろう？　何件緊急の要件が発生しているのだろう？

そのとき、彼女はふと気がついた。


今ここでバランスを取り戻すことほど緊急を要するものはない

読者へのメッセージ

バランスは幸せと成功の鍵だと私たちは信じている。人生においても、交渉の場でもそれは同じである。

バランスの原則に沿って、世界中の人々の夢や目標を実現するお手伝いをし、永続的な価値を創出することが、私たちの使命である。

この揺るぎない決意が私たちの活動に意味と価値を与えており、私たちは誇りを持ってその使命を果たしている。

世界中の企業・組織に提供されている独自のプログラムは、本書で述べられている「綱渡り師の流儀」から着想を得ている。クライアント企業・組織と緊密に協力しながら、行動と考え方に変化をもたらし、バランスの取れたリーダーシップと交渉力を育てることを私たちは目指している。参加者が充実した持続可能なパフォーマンスを発揮できるよう工夫されたワークショップは、まさに「感情の旅」と呼ぶにふさわしいものである。

本書に関するご意見やご提案、推薦文をぜひお寄せいただきたい。

本書を手に取ってくださった皆様に、心からお礼を申し上げる。

連絡先：エリック・ユブラー
contact@erichubler.com
フィリップ・ブラン
experts@iNegotiate.com

著者紹介

フィリップ・ブラン
Philip Blanc

フィリップ・ブランは、交渉者、アドバイザー、仲介者、講演者として幅広く活躍し、その助言が世界中で求められている。

1988年以来英国を拠点として活動し、製品の仕入れ担当からたたき上げで、世界最大手ビール会社アンハイザー・ブッシュ・インベブの英国・アイルランド取締役会の営業担当取締役に就任した。

2008年、交渉術を専門とし、世界水準の交渉者を育成する卓越した企業であるアイ・ネゴシエートを創業した。同社は幅広い交渉支援サービスを提供しており、そのオーダーメード型の交渉力向上ワークショップには、すでに世界60か国を超える1万5000人以上のビジネスエグゼクティブが参加している。

交渉心理学、リーダーシップ、チームパフォーマンスの権威として名高いフィリップ・ブランは、大手企業や個人クライアントの利益を代表して交渉を行い、さらに世界各地で数多くのエグゼクティブ向けプログラムを英語とフランス語の両方で実施している。

交渉者、空手の黒帯保持者、天秤座生まれの人間として、バランスの管理に絶えず力を尽くしている。

www.inegotiate.com

エリック・ユブラー

Eric Hubler

エリック・ユブラーは、世界各地で講演を行うリーダーシップの専門家であり、個人および組織を対象とした「合気道マネジメント」トレーニングメソッドの考案者である。

1990年、米国で事業開発マネジャーとしてキャリアをスタート。2004年にフランスで最も成功している企業の一つに選ばれたファミリービジネスの経営に12年間携った後、2005年にアルタミラ・デブロプマンを創業した。

「啓示者」とも評されるエリックは、変わり続ける世界のリーダーシップと幸福について、革新的で示唆に富んだビジョンを提供している。起業、チェンジマネジメント（変革管理）、武道における自らの経験に根ざした講演は、活力としなやかさと情熱に満ちあふれ、長期的なパフォーマンスの改善と、よりバランスの取れた生き方を実現する徹底した戦略を提案している。

www.erichubler.com

二人を結びつける絆

1982年、フランス北東部の都市バル・ル・デュックの高校で、

バレーボール大会と柔道の授業を通して知り合って以来の親友である。

人生という綱の渡り方

THE EQUILIBRIST

発行日　2018年1月30日　第1刷

Author	エリック・ユブラー　フィリップ・ブラン
Translator	矢島麻里子（翻訳協力：株式会社トランネット http://www.trannet.co.jp/）
Illustrator	北村人
Book Designer	新井大輔
Publication	株式会社ディスカヴァー・トゥエンティワン 〒102-0093　東京都千代田区平河町2-16-1 平河町森タワー11F TEL　03-3237-8321（代表） FAX　03-3237-8323 http://www.d21.co.jp
Publisher	干場弓子
Editor	藤田浩芳　松石 悠
Marketing Group Staff	小田孝文　井筒浩　千葉潤子　飯田智樹　佐藤昌幸　谷口奈緒美　古矢薫　蛯原昇　安永智洋　鍋田匠伴　榊原僚　佐竹祐哉　廣内悠理　梅本翔太　田中姫菜　橋本莉奈　川島理　庄司知世　谷中卓　小田木もも
Productive Group Staff	千葉正幸　原典宏　林秀樹　三谷祐一　大山聡子　大竹朝子　堀部直人　林拓馬　塔下太朗　木下智尋　渡辺基志
E-Business Group Staff	松原史与志　中澤泰宏　伊東佑真　牧野類
Global & Public Relations Group Staff	郭迪　田中亜紀　杉田彰子　倉田華　李瑋玲　連苑如
Operation Group Staff	山中麻吏　吉澤道子　小関勝則　西川なつか　奥田千晶　池田望　福永友紀
Assistant Staff	俵敬子　町田加奈子　丸山香織　小林里美　井澤徳子　藤井多穂子　藤井かおり　葛目美枝子　伊藤香　常徳すみ　鈴木洋子　内山典子　石橋佐知子　伊藤由美　押切芽生　小川弘代　越野志絵良　林玉緒　小木曽礼丈
Proofreader	文字工房燦光
Printing	日経印刷株式会社

ISBN978-4-7993-2213-0　©Discover 21, 2018, Printed in Japan.